# O JOGO DA VIDA

# LUIZ FERNANDO SCHVARTZMAN

# O JOGO DA VIDA

## Como vencer nas FINANÇAS PESSOAIS

Prefácio
**Gustavo Cerbasi**

ALTA BOOKS
GRUPO EDITORIAL
Rio de Janeiro, 2023

# O Jogo da Vida

Copyright © 2022 da Starlin Alta Editora e Consultoria Eireli.
ISBN: 978-85-508-1874-0

Impresso no Brasil — 1ª Edição, 2023 — Edição revisada conforme o Acordo Ortográfico da Língua Portuguesa de 2009.

Todos os direitos estão reservados e protegidos por Lei. Nenhuma parte deste livro, sem autorização prévia por escrito da editora, poderá ser reproduzida ou transmitida. A violação dos Direitos Autorais é crime estabelecido na Lei nº 9.610/98 e com punição de acordo com o artigo 184 do Código Penal.

A editora não se responsabiliza pelo conteúdo da obra, formulada exclusivamente pelo(s) autor(es).

**Marcas Registradas:** Todos os termos mencionados e reconhecidos como Marca Registrada e/ou Comercial são de responsabilidade de seus proprietários. A editora informa não estar associada a nenhum produto e/ou fornecedor apresentado no livro.

**Erratas e arquivos de apoio:** No site da editora relatamos, com a devida correção, qualquer erro encontrado em nossos livros, bem como disponibilizamos arquivos de apoio se aplicáveis à obra em questão.
Acesse o site www.altabooks.com.br e procure pelo título do livro desejado para ter acesso às erratas, aos arquivos de apoio e/ou a outros conteúdos aplicáveis à obra.

**Suporte Técnico:** A obra é comercializada na forma em que está, sem direito a suporte técnico ou orientação pessoal/exclusiva ao leitor.

A editora não se responsabiliza pela manutenção, atualização e idioma dos sites referidos pelos autores nesta obra.

---

Dados Internacionais de Catalogação na Publicação (CIP) de acordo com ISBD

S397j    Schvartzman, Luiz Fernando
          O Jogo da Vida: Como Vencer nas Finanças Pessoais / Luiz Fernando Schvartzman. - Rio de Janeiro : Alta Books, 2022.
          160 p. ; 16cm x 23cm.

          Inclui índice.
          ISBN: 978-85-508-1874-0

          1. Economia. 2. Finanças pessoais. I. Título.

2022-3304         CDD 332
                   CDU 336

Elaborado por Vagner Rodolfo da Silva - CRB-8/9410

Índice para catálogo sistemático:
1. Economia : Finanças pessoais 332
2. Economia : Finanças pessoais 336

---

**Produção Editorial**
Grupo Editorial Alta Books

**Diretor Editorial**
Anderson Vieira
anderson.vieira@altabooks.com.br

**Editor**
José Ruggeri
j.ruggeri@altabooks.com.br

**Gerência Comercial**
Claudio Lima
claudio@altabooks.com.br

**Gerência Marketing**
Andréa Guatiello
andrea@altabooks.com.br

**Coordenação Comercial**
Thiago Biaggi

**Coordenação de Eventos**
Viviane Paiva
comercial@altabooks.com.br

**Coordenação ADM/Finc.**
Solange Souza

**Coordenação Logística**
Waldir Rodrigues

**Gestão de Pessoas**
Jairo Araújo

**Direitos Autorais**
Raquel Porto
rights@altabooks.com.br

**Assistentes da Obra**
Ana Clara Tambasco
Erick Brandão

**Produtores Editoriais**
Illysabelle Trajano
Maria de Lourdes Borges
Thales Silva
Thiê Alves
Luciano Cunha
Paulo Gomes

**Equipe Comercial**
Adenir Gomes
Ana Carolina Marinho
Ana Claudia Lima
Daiana Costa
Everson Sete
Kaique Luiz
Luana Santos
Maira Conceição
Natasha Sales

**Equipe Editorial**
Andreza Moraes
Arthur Candreva
Beatriz de Assis
Beatriz Frohe

Betânia Santos
Brenda Rodrigues
Caroline David
Elton Manhães
Fernanda Teixeira
Gabriela Paiva
Henrique Waldez
Karolayne Alves
Kelry Oliveira
Lorrahn Candido
Luana Maura
Marcelli Ferreira
Mariana Portugal
Matheus Mello
Milena Soares
Patricia Silvestre
Viviane Corrêa
Yasmin Sayonara

**Marketing Editorial**
Amanda Mucci
Guilherme Nunes
Livia Carvalho
Pedro Guimarães
Thiago Brito

---

**Atuaram na edição desta obra:**

**Revisão Gramatical**
Hellen Suzuki
Thamiris Leiroza

**Diagramação**
Rita Motta

**Capa**
Rita Motta

Editora afiliada à:

Rua Viúva Cláudio, 291 — Bairro Industrial do Jacaré
CEP: 20.970-031 — Rio de Janeiro (RJ)
Tels.: (21) 3278-8069 / 3278-8419
www.altabooks.com.br — altabooks@altabooks.com.br
**Ouvidoria:** ouvidoria@altabooks.com.br

## DEDICATÓRIA

*Primeiramente, dedico este livro a todas as famílias de clientes e ex-clientes que confiaram e compartilharam seus desafios financeiros para que eu pudesse, de alguma forma, trazer uma nova reflexão sobre o uso dinheiro. Ao longo da última década, foram centenas de famílias, das quais um pedacinho de cada história, aprendizados e reflexões se encontram neste livro.*

*Lidar com essas famílias me fez compreender que as finanças pessoais são muito mais sobre nossos desafios internos do que sobre números. Tive a oportunidade de conhecer centenas de histórias de vida, muito além dos seus recursos financeiros, acompanhado das suas angústias, frustrações, alegrias e muitos outros sentimentos.*

*Dedico este livro também aos meus nobres colegas de profissão, planejadores financeiros que têm uma importante missão em contribuir para melhorar a qualidade de vida das pessoas.*

*Em especial dedico aos meus pais, Alberto e Mônica, pelos meus primeiros valores éticos e morais e pela importância do dinheiro em nossas vidas. Ao meu irmão Henrique, pelas inúmeras e profundas conversas sobre como devemos lidar com os desafios da vida, a base de todo este livro.*

# SUMÁRIO

PREFÁCIO ............................................................................. 1
POR ONDE COMEÇAR ........................................................ 3
ALGUNS CAMINHOS .......................................................... 7

## CAPÍTULO 01
## O JOGO DA VIDA ............................................................ 11

    O Grande Tabuleiro ...................................................... 13
    A Culpa É do Brasil?! .................................................... 17
    A Tomada de Decisão Financeira ................................ 20
    O Processo de Tomada de Decisão ............................ 23
    Autoconhecimento ....................................................... 25
    Autoconhecimento e Felicidade .................................. 29
    Estratégia de Guerra .................................................... 33

## CAPÍTULO 2
## UM POUCO DE HISTÓRIA ECONÔMICA DO BRASIL ..... 39

    Finanças Pessoais no Brasil ......................................... 43
    A Bolsa de Valores no Brasil ........................................ 44
        Curiosidade: a Quebra da Bolsa do Rio de Janeiro ....... 45
    Educação Financeira .................................................... 46
    Para Entender Melhor o Mercado Financeiro ............ 48

CAPÍTULO 3
# JOGANDO O JOGO DA VIDA ............53
Peças do Jogo: Gastos e Sonhos............53
Peças do Jogo: Sonhos e Objetivos............58
Quais Peças Escolher e o Seu Devido Tamanho............63
BIG 5............70
    Comprar ou Alugar, Eis a Questão!............70
    Reserva de Emergência............79
    Aposentadoria............83
    Casamento e Filhos............89
    Emprego e Carreira............96
    Os Investimentos — Reduzindo o Tamanho das Peças....103
    A Tributação............115
    Títulos Públicos............117
    Nossa Relação com os Investimentos............119

CAPÍTULO 4
# PLANO DE VIDA............123
A Parábola do Velho Lenhador............123
Como Se Planejar na Incerteza — os Anos da Covid-19............125
    Juntando as Peças............130
O Jogo da Vida na Prática............133
    CASO 1............133
    CASO 2............135

# RESUMINDO............139
# REFERÊNCIAS............141
# ÍNDICE............147

# PREFÁCIO

A educação financeira é um tema pouco praticado na realidade de muitos brasileiros, por diversos motivos. Um deles é o fato de o assunto não ter feito parte da grade curricular escolar dos adultos de hoje — felizmente, hoje já é matéria obrigatória para todos os nossos filhos. Outro motivo é o fato de a educação financeira tradicional se referir frequentemente ao que "devemos" ou "deveríamos" fazer. Soa como sermão.

Com a vida atribulada que todo adulto tem, poucos estão dispostos a dedicar tempo a ouvir sermões, assim como muitos casais evitam discutir o relacionamento. Se o tempo ao descanso é raro, que seja usado para descanso e não para provocar preocupações, certo?

Bom, se uma conversa desconfortável pode resultar em uma rotina mais leve, equilibrada e recompensadora, então minha conclusão é que, sim, de tempos em tempos temos que parar, pensar, conversar e revisar nossas escolhas, por mais desconfortável que esse processo possa ser.

Porém, o texto de *O Jogo da Vida* de Luiz Fernando Schvartzman chegou para mim como um alento para essa questão da conversa desconfortável. Neste texto que está em suas mãos, Schvartzman demonstra a maturidade de suas orientações e traz reflexões leves, objetivas e inteligentes e técnicas de organização pessoal (não apenas financeira) bastante práticas. A lógica de se inspirar na técnica do Tangram para explicar o equilíbrio do orçamento é intuitiva e bastante visual, ajudando a entender facilmente como funciona um orçamento equilibrado e quais as consequências do desequilíbrio. Para quem não conhece, o Tangram é um jogo chinês formado por figuras geométricas planas, conhecido como o jogo das mil peças. Com ele, é possível criar formas ilimitadas, mas também é possível criar determinadas formas — como o quadrado — por diferentes caminhos de montagem.

A ideia dos diferentes caminhos se conecta perfeitamente com a ideia do orçamento doméstico eficiente: cada pessoa terá seu próprio estilo de vida, suas prioridades e necessidades em cada momento da vida. Por isso, é insensato propor um modelo único de orçamento e planejamento que funcione para todas as famílias. Cada família terá seu próprio conjunto de peças e a missão de formar, com criatividade, a figura que representa o equilíbrio.

Em mais de duas décadas estudando tudo o que encontro sobre educação financeira, cheguei a um ponto em que cada novo livro de finanças pessoais que encontro me traz mais do mesmo. Pouca inovação e muita repetição. Este livro de Schvartzman, porém, veio para ganhar um destaque em minha biblioteca como um material diferenciado, inteligente e bastante prático.

A vida não pode ser levada na brincadeira. Mas, com as devidas técnicas e ferramentas, a vida adulta pode, sim, ser mais leve e inspirada, como uma brincadeira inteligente na qual nos viciamos e não queremos parar de brincar. Que você se divirta com a leitura e tenha ótimos resultados ao colocar em prática esse conhecimento.

**Gustavo Cerbasi**

Especialista em Inteligência Financeira e autor de 16 livros, entre eles *Casais Inteligentes Enriquecem Juntos* e *A Riqueza da Vida Simples*
@gustavocerbasi

# POR ONDE COMEÇAR

Todos nós sabemos que deveríamos gastar menos do que ganhamos, que é importante investir agora para termos uma reserva para alguma emergência ou simplesmente para fazer planos para o futuro. Parece óbvio, certo?

Mas por que será que é tão difícil?

Conhecimento teórico é importante, ajuda bastante, mas se dar bem nas finanças pessoais vai além; é preciso lidar com sentimentos, angústias, expectativas, frustrações, mudanças, adaptações, e ter resiliência e foco. Além disso, é preciso se conhecer a fundo.

Investir não é só abrir uma conta em uma corretora ou banco, escolher um investimento adequado e aplicar. Envolve abrir mão de um gasto imediato, assumir algum tipo de risco e planejar um futuro, ainda que distante e incerto.

**Investir está relacionado ao autoconhecimento.** Sim, sabemos que o dinheiro exerce um papel importante em nossas vidas, afinal é meio para grande parte das decisões, seja uma viagem, a compra de um carro, um novo emprego, casamento, filhos ou até mesmo um simples passeio no parque. Embora nem todas as decisões envolvam comprar algo, indiretamente fazemos escolhas que têm reflexo em nossas finanças. Parece estranho, mas mesmo ao decidir ficar em casa assistindo à TV (tecnicamente você não está gastando dinheiro), você opta por não realizar outras coisas, tais como: buscar um novo emprego, outra fonte de renda ou estudar algo novo. Todas essas ações resultam em alguma consequência, ora percebidas de imediato, muitas imperceptíveis, e outras poderão trazer um resultado em um futuro distante.

Quanto mais souber o que o faz feliz, quais são suas prioridades e motivações, seus planos e desejos para o futuro, maior clareza terá sobre as maneiras de gastar (e economizar) o seu dinheiro.

Grande parte da literatura sobre finanças pessoais leva em consideração apenas os aspectos financeiros e as teorias sobre gestão financeira — dicas de como organizar o seu orçamento, ferramentas e maneiras para você descobrir os melhores investimentos. São temas importantes, porém deixam de levar em conta aspectos individuais e emocionais: o que realmente está por trás do uso do dinheiro, as dificuldades em abrir mão do presente para pensar no futuro e os desafios do investimento.

A maioria dos livros sobre finanças pessoais não busca a real motivação para você gastar e economizar. A motivação é um impulso que faz com que as pessoas ajam para atingir os seus objetivos. Envolve a compreensão de fenômenos emocionais, biológicos e sociais e é responsável por iniciar, direcionar e manter determinados comportamentos.

> A maioria dos livros sobre finanças pessoais não busca a real motivação para você gastar e economizar.

Motivação é o que faz com que os indivíduos deem o melhor de si, busquem conquistar o que almejam e façam os melhores esforços para alcançar seus objetivos, inclusive gerir suas finanças da forma que necessitam. No entanto, a motivação é algo interno e pessoal. Não existe uma fórmula ou técnica que gere a motivação: isso depende apenas de você.

Por isso, precisamos parar de pensar nas finanças pessoais apenas como uma ciência exata; ela é muito mais: envolve Psicologia, Biologia e Ciências Humanas e Sociais. Nos últimos anos, os laureados com o Prêmio Nobel de Economia apresentaram estudos importantes e relevantes do que chamamos de "Economia Comportamental" — uma área de pesquisa que mostra que a tomada de decisão dos consumidores se dá por razões comportamentais, e não somente em busca "do melhor para si", como pensava a Economia Clássica.

> No entanto, a motivação é algo interno e pessoal. Não existe uma fórmula ou técnica que gere a motivação: isso depende apenas de você.

Este livro é, portanto, destinado a todas as pessoas que precisam tomar decisões financeiras, que possuem dúvidas em relação aos seus gastos, estilo de vida e investimentos, para quem quer melhorar sua vida e sua relação com o dinheiro e para os que já se sentiram angustiados e perdidos. Além disso, este livro tem como objetivo fazer com que os leitores compreendam um pouco mais de si mesmos para serem capazes de tomar as melhores decisões possíveis no âmbito pessoal.

## ALGUNS CAMINHOS

Você já deve ter lido algum livro, ou participado de uma palestra ou curso, que lhe ofereceu diversas boas ideias e inspirações para transformar sua vida, certo? E, mesmo fazendo todo sentido, talvez não tenha conseguido colocar em prática todo o conhecimento adquirido.

Não se preocupe, você não é o único nem o último.

Sair da "zona de conforto" e colocar em prática o conhecimento não é algo simples, ainda mais quando são apresentados passos, teorias e regras e temos pouco tempo para assimilar e executar o plano. Se fosse fácil, já teríamos feito corretamente antes, não é mesmo!?

Neste livro, apresento uma nova abordagem para as finanças pessoais construindo uma relação da vida como um jogo de escolhas e consequências, sendo o dinheiro um meio para a realização de grande parte dessas trocas.

Por meio de alguns conceitos importantes de estratégia, finanças comportamentais e economia, proponho pensarmos em um plano de vida; só assim, teremos a clareza necessária para buscarmos motivação e traçarmos planos e objetivos.

Não serão apresentadas "fórmulas mágicas" nem teorias prontas de como fazer o seu

> Sair da "zona de conforto" e colocar em prática o conhecimento não é algo simples.

dinheiro render mais. Simplesmente, quero ajudá-lo a se conhecer melhor e saber quais os seus planos e expectativas de vida e o passo a passo para torná-los realidade.

Este livro, que está repleto de histórias, textos, conceitos e teorias, quer convidá-lo a colocar tudo que aprender em prática. Novamente: não existe regra única ou fórmula para as finanças pessoais, mas apenas uma abordagem que se relaciona melhor com seus objetivos, expectativas e com suas angústias e limitações.

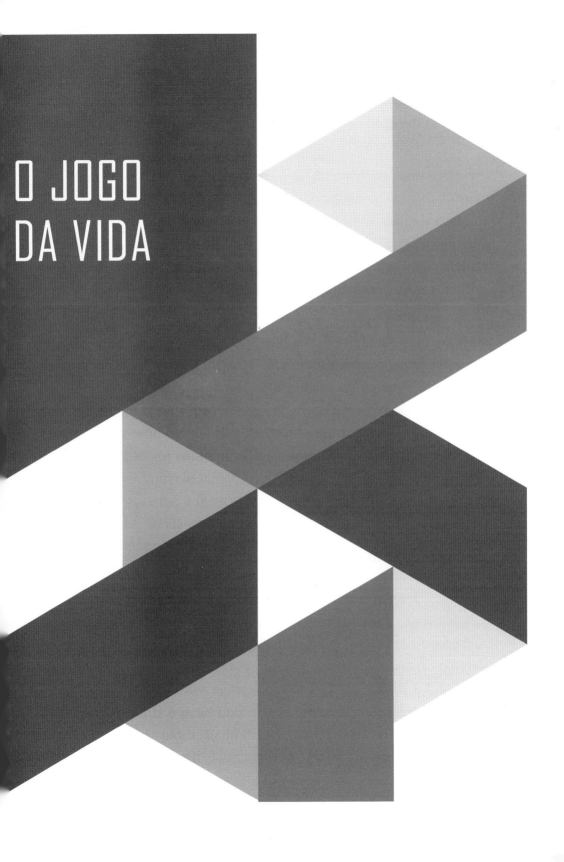
# O JOGO DA VIDA

CAPÍTULO 01

# O JOGO DA VIDA

Vamos começar com uma analogia: imagine que na vida você pudesse ganhar e gastar pontos como num programa de milhagem. Quanto mais você trabalha, quanto mais especializada for sua atividade e quanto mais você economiza, mais pontos você tem. No entanto, nem sempre a distribuição será justa e muitas vezes não dependerá exclusivamente de você. Surpresas acontecem.

> [...] e essa variação depende de muitos fatores, incluindo aspectos emocionais complexos.

Esses pontos são essenciais para tudo na sua vida: você precisa deles para se alimentar, morar, viajar, se divertir, descansar etc. Na maioria das vezes, você receberá esses pontos mensalmente em troca de trabalho, mas também vai depender do tipo de trabalho que realiza.

Qualquer decisão exige que você utilize alguns dos pontos que acumulou; certas escolhas exigem mais pontos do que outras, e essa variação depende de muitos fatores, incluindo aspectos emocionais complexos.

Provavelmente, em muitos momentos você não terá todos os pontos de que gostaria, e lidar com essa situação não vai ser fácil. Em alguns períodos poderá ficar preocupado com a quantidade de pontos que possui, poderá se sentir inseguro e angustiado, mas se tiver conseguido gerir (ou jogar) bem, você terá certa tranquilidade e liberdade.

Além disso, você pode emprestar seus pontos para outras pessoas e ganhar pontos extras — isso pode ser interessante! Mas ao tomar essa decisão, terá que deixar de gastar no presente para apenas receber de volta no futuro.

Engana-se, porém, quem pensa que os que têm mais pontos terão sempre melhores resultados. Lembre-se de que, para ter mais pontos, você terá que trabalhar mais, e isso pode tirar seu tempo, seu foco e também a sua preciosa saúde. Gastar todos os pontos acumulados também pode não ser uma boa estratégia para o futuro ou em caso de eventualidades que vão demandar um pouco mais do que você recebe mensalmente.

> Engana-se, porém, quem pensa que os que têm mais pontos terão sempre melhores resultados. Lembre-se de que, para ter mais pontos, você terá que trabalhar mais, e isso pode tirar seu tempo, seu foco e também a sua preciosa saúde.

O jogo da vida é bem complexo; existem muitas variáveis e caminhos. Saber jogar bem é uma arte e demanda tempo, estratégia, habilidade, inteligência, autoconhecimento e perseverança. Se você conseguir dedicar alguns momentos para refletir e planejar como usar melhor seus pontos, terá uma chance maior de se dar bem nesse jogo.

Assim como todo jogo, existem regras, mas a estratégia é uma decisão livre e individual. Comprar uma casa, viajar todos os anos, comprar um carro, trocar de celular, passear, ir ao cinema, se casar, ter filhos, ir a um bom restaurante, pedir uma pizza, educar os filhos, fazer esportes, encontrar amigos, se aposentar com qualidade de vida... tudo isso, afinal, são escolhas pessoais.

> O objetivo deste jogo é chegar ao fim da vida com felicidade e certeza de dever cumprido, utilizando seus pontos da melhor maneira.

Não é possível recomeçar o jogo nem receber de volta os pontos gastos, portanto são necessários atenção e planejamento. E, durante o percurso, caso não se sinta satisfeito, vale a pena repensar e avaliar a sua estratégia. O objetivo deste jogo é chegar ao fim da vida com felicidade e certeza de dever cumprido, utilizando seus pontos da melhor maneira.

## O GRANDE TABULEIRO

Imaginar a vida como um grande jogo pode ser uma estratégia interessante para organizar as finanças pessoais e seu plano de vida. Para tanto, é importante "sair do nosso corpo" e olhar o mundo de cima, como se fosse um tabuleiro e com peças.

Ao pensarmos no passado e analisarmos nossas escolhas de vida, é fácil apontar os erros, os acertos e o percurso, além de pensarmos no que podíamos ter feito diferente e melhor. A vida é feita de todos esses eventos que moldaram o nosso caminho para chegar até aqui.

Nós não conseguimos mudar o passado nem controlar as intempéries e a imprevisibilidade da vida, mas certamente é possível, de maneira estratégica, aumentar a probabilidade de determinados eventos acontecerem como resultado de um esforço.

Se não tivermos momentos de reflexão e de "sair do nosso corpo" para olhar o mundo de cima, corremos um grande risco de fazer exatamente o que estávamos fazendo antes, cometendo os mesmos erros e também acertos.

Assim, vamos olhar a nossa vida como um tabuleiro. Considere um quadrado e algumas peças, semelhantes a um quebra-cabeça. O quadrado representa tudo que você quer: casa, carro, viagens, lazer, estudos, trabalho, atividades, e o que determina o tamanho desse quadrado é quanto dinheiro você possui, portanto esse quadrado pode ter tamanhos diversos. Para quem já tem um grande patrimônio ou um ótimo salário, esse quadrado será maior. Mas se você ainda não tem um grande salário nem dinheiro acumulado, esse quadrado será pequeno, mas ao longo da vida ele poderá crescer.

Agora pense nas peças como todas as atividades, sonhos, projetos e desejos que você possui. E da mesma maneira, o que determinará o tamanho de cada peça é o valor deles.

Neste "Jogo da Vida", tudo o que você quiser realizar deve caber dentro do quadrado. Assim, se você tiver peças demais — ou com valores muito grandes —, é bem provável que não haja espaço para todas.

Todos nós temos que fazer escolhas dentre as infinitas opções, seja devido a limitações de tempo, dinheiro ou mesmo por preferência.

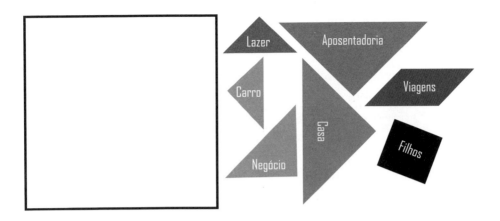

Fonte: Elaborado pelo autor.

Certamente, uma casa, um carro ou dinheiro para a aposentadoria deve ocupar um espaço maior do que um jantar, uma ida ao cinema e assim por diante.

Um exemplo prático: se você tem um salário de X e está financiando um imóvel, com uma parcela mensal de X/2, a peça do imóvel ocupa metade do seu quadrado, portanto você tem apenas a outra metade para todos os outros desejos; mas, se o seu salário aumenta ao longo do tempo, consequentemente aumenta o tamanho do seu tabuleiro, abrindo espaço para outros planos.

Todos os custos no presente e seus planos futuros que dependem de um investimento são peças deste quebra-cabeça. O grande erro que a maioria dos jogadores comete é ocupar todo o espaço do tabuleiro com os gastos do presente, se esquecendo de separar um espaço para as peças do futuro.

Há ainda um outro aspecto que deixa esse jogo mais complexo; além do tabuleiro e das peças terem tamanhos diferentes, as peças possuem formas distintas. Isso quer dizer que, se não as organizamos com estratégia, acomodando as peças corretamente, corremos o risco de elas não caberem.

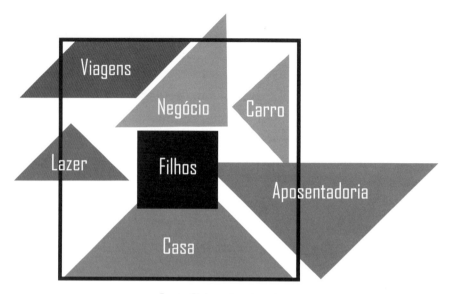

Fonte: Elaborado pelo autor.

Os tamanhos distintos representam a conexão e o encaixe de todos os seus planos e objetivos. Não podemos enxergar a compra de uma casa, ou a poupança para aposentadoria, ou até mesmo as despesas do supermercado como peças isoladas. Nada disso: todas essas decisões, escolhas e compras têm uma conexão íntima, já que precisam de recursos financeiros oriundos de uma única fonte. No caso, você!

Os espaços em branco e as peças fora do lugar representam sua falta de organização e também uma incapacidade de olhar o todo. Por exemplo: uma pessoa, mesmo tendo recursos financeiros, ao não se planejar bem e enxergar o todo, pode ter que financiar desnecessariamente a compra de um carro e, ao longo do tempo, atrasar o pagamento de contas, gerando juros desnecessários. Assim, ao planejar de forma errada, a pessoa reduz a capacidade de investir e consequentemente de ter outros planos.

Mas calma... não podemos controlar todos os efeitos colaterais de todas as compras; nem mesmo um supercomputador é capaz de calcular todas as possibilidades e conexões. O importante é compreender como as nossas decisões — até as pequenas — impactam as demais. Assim, avaliar o que é realmente importante para você faz com que eliminemos alguns erros e desperdícios.

## A CULPA É DO BRASIL?!

Será que tudo está mesmo tão caro — escola dos filhos, comida, saúde, transporte — que mesmo com planejamento financeiro, ainda assim, é difícil sobrar dinheiro?

A verdade é que quando paramos para refletir sobre a falta de dinheiro, tentamos buscar os culpados. E normalmente o pensamento começa em: "Eu trabalho tanto e não consigo fazer nada; só pagar conta", "Ah, mas se eu ganhasse mais dinheiro, o problema estaria resolvido".

O problema é que o "quadrado" é muito pequeno?

Se simplesmente aumentássemos o quadrado em 40%, todos os seus planos que havíamos considerado antes passariam a caber dentro do quadrado. Porém, os erros e a falta de planejamento do dia a dia continuariam os mesmos.

Seria extremamente ingênuo pensar que o problema seria resolvido com mais dinheiro se a mentalidade e a maneira como lidamos com as decisões de vida se mantivessem. Com certeza, em muito pouco tempo, esse quadrado estaria pequeno e inadequado de novo. Não é quantidade de dinheiro, mas a forma como lidamos com ele.

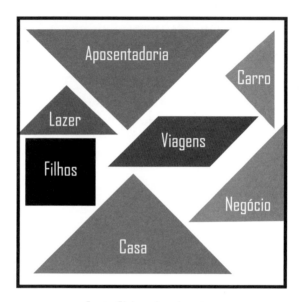

Fonte: Elaborado pelo autor.

Obviamente, ter uma renda maior facilita tomar decisões e fazer escolhas, bem como os fatores externos também influenciam, mas pouco podemos interferir no curto prazo. No entanto, lamentar e reclamar dos preços, de políticas e de problemas do Brasil pouco vai resolver o problema financeiro. Então, diante desse contexto, o que podemos de fato mudar em relação aos nossos gastos e ao estilo de vida?

Se aumentarmos a renda cometendo os mesmos erros e fazendo as mesmas escolhas, realmente o problema estaria resolvido (embora com muito desperdício). Mas isso na realidade quase nunca acontece: inevitavelmente, alguns gastos aumentam, os impostos são maiores e novos hábitos e padrões são adquiridos, os quais consomem mais dinheiro.

O que é preciso compreender é que não existe um único problema, mas um conjunto de escolhas erradas (que resulta em desperdícios). Não lamente a conjuntura; tente planejar e mudar.

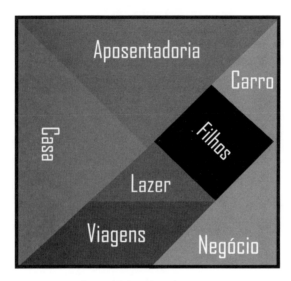

Fonte: Elaborado pelo autor.

Ao longo da vida o seu "quadrado" pode mudar de tamanho, assim como o tamanho e a prioridade de cada peça, seja para os seus gastos presentes quanto para os seus planos futuros; o importante é tentar encaixar todas as peças dentro do quebra-cabeça com o menor número possível de arestas e erros.

Para conseguirmos colocar tudo dentro do nosso quadrado, no entanto, temos que entender um pouco mais de finanças pessoais e de como tomamos nossas decisões.

# A TOMADA DE DECISÃO FINANCEIRA

Em um mundo ideal, propaganda, *frames*, preços-âncoras e demais estratégias e referências não influenciariam as escolhas do consumidor. As decisões seriam resultado de uma cuidadosa ponderação de custo-benefício e se baseariam em preferências existentes. No entanto, segundo Kahneman e Tversky (1979), a teoria da perspectiva "mostra que nem sempre as decisões são ótimas". A "disposição para correr riscos é influenciada pelo modo como as escolhas são apresentadas, portanto, depende do contexto".

Muito antes de Tversky e Kahneman, autores laureados pelo Prêmio Nobel de Economia, outros pensadores dos séculos XVIII e XIX já estavam interessados na influência da Psicologia na vida econômica. No entanto, durante a virada do século XX, cada vez mais estudiosos tentaram emular as Ciências Naturais, pois queriam distinguir-se do campo da Psicologia, então considerado "acientífico".

A importância da Economia corroborada pela Psicologia refletiu-se mais tarde no conceito de "racionalidade limitada", uma expressão associada ao trabalho de Herbert Simon nos anos 1950. Segundo essa concepção, nem todas as decisões são ótimas. Existem restrições ao processamento de informações pelos seres humanos, porque há limites de conhecimento (ou de informações) e de capacidades computacionais

A Economia Comportamental é voltada para o comportamento em nível micro e se empenha em operar na macroeconomia, que trata das tendências da Economia como um todo. Um artigo interessante sobre implicações de políticas internacionais, escrito por Martin, Lucy (2014) e já analisado em *The Economist*, formula uma conexão entre comportamento no nível micro e questões relacionadas ao desenvolvimento no nível macro.

O estudo intitulado "Sobre implicações de políticas internacionais", de Martin, indica um caminho por onde os países pobres poderiam promover governos melhores. Segundo a autora, muitos países pobres são financiados por meio de impostos baixos e ajuda do exterior, o que gera um problema de prestação de contas e estabilidade financeira.

Reduzir impostos, em muitos casos, pode ser uma iniciativa bastante popular e presente em discursos políticos e campanhas de governo, ao causar uma impressão de que a população terá menos despesas e consequentemente mais dinheiro para os seus gastos. No entanto, a existência de menos impostos, com estrutura precária somada à má educação financeira, causa um impacto muito mais negativo.

O argumento da redução de impostos baseia-se no conceito de aversão à perda, isto é, a conclusão de que a perda pesa mais do que o gosto por um ganho equivalente.

Segundo a pesquisadora de Psicologia Econômica Vera Rita de Mello, diversos fatores podem ser considerados para a falta de racionalidade e ponderação das causas e efeitos de determinadas decisões para a qualidade de vida individual. Nesse contexto, podem ser apontados:

1. **Limitações cognitivas e emocionais**

    Interferem nos processos de percepção, memória e julgamento das informações, resultando em falhas no processamento: pessoas incapazes de apreensão plena e imparcial das informações frequentemente utilizam atalhos mentais para reduzir a complexidade dos cenários que devem ser avaliados. Esses mecanismos de simplificação da tarefa de avaliar dados, contudo, conduzem a um enviesamento, de modo que, muitas vezes, o resultado serão escolhas também equivocadas e inconsistentes; os erros são sistemáticos.

## 2. Influência dos aspectos emocionais

Considerando-se que as operações mentais estão ancoradas em fatores emocionais mais primitivos do que as funções cognitivas, as decisões sempre terão um aspecto afetivo, conforme a ciência já estuda há muitos anos. No entanto, esta influência ocorre de modo inconsciente, embora seja muito utilizada como argumento para justificar determinadas escolhas ou ações cuja motivação foram aspectos não racionais ou a partir de uma profunda reflexão.

## 3. A realidade é percebida de diferentes maneiras por indivíduos, grupos e culturas

As diversas percepções indicam diferenças no modo como os indivíduos e grupos reagem a estímulos, captam e decodificam dados e, consequentemente, como fazem escolhas. Algumas operações psicológicas tornam-se ainda mais acentuadas quando indivíduos se encontram reunidos em grupos, tal como ocorre no chamado comportamento de manada. Ao ver o grupo do qual o indivíduo faz parte realizar alguma ação, existe uma grande tendência de o indivíduo repetir ou seguir tais passos, mesmo que, após uma análise mais racional, ele não seguisse tais ações. Isso acontece muito no consumo de itens e no mercado financeiro. Ao ver seus amigos, colegas e familiares utilizando algum produto novo, comprando de alguma marca, ninguém quer "ficar de fora", mesmo que isso traga prejuízos ou você não perceba o mesmo valor. Diversas estratégias de marketing e vendas utilizam essa premissa para vender mais produtos, ao indicar que pessoas que possam ser de grupos semelhantes já estão adquirindo ou fazendo parte de tal movimento.

4. **Otimismo excessivo e erros de planejamento**

   Este é um fator muito comum, ao subdimensionar risco e outros obstáculos, enquanto superestima capacidade, facilidade e recursos para realização de planos e intenções. Nesses casos, a possibilidade de se incorrer em erros aumenta consideravelmente. A tendência a demonstrar otimismo excessivo em muitas situações, que Kahneman (2007; 2011) considera existir na maioria das pessoas, compromete orçamentos em todos os níveis.

## O PROCESSO DE TOMADA DE DECISÃO

Nas últimas décadas, têm sido lançados novos produtos, atividades e facilidades. Se por um lado é bom ter tantas novidades e ofertas, por outro há também o peso e a angústia de saber o que escolher e do que abrir mão para um ganho futuro.

Em 1908, foi lançado um dos carros mais famosos de todos os tempos, o Ford Model T. Ele não foi o primeiro carro do mundo, mas certamente foi o carro mais famoso. Sua fama não se deveu apenas à tecnologia, ao design inovador e aos acessórios, mas à revolução na produção em escala e linha de montagem, que proporcionou carros mais baratos e padronizados. Até o ano de 1914, era possível comprar diversas cores de carros e algumas características, mas em 1915, para cortar custos, o carro passou a ser produzido apenas na cor preta; como dizia seu criador Henry Ford, "o carro é disponível em qualquer cor, contanto que seja preto".

O objetivo de Henry Ford era criar um carro que fosse acessível para qualquer pessoa. Naquela época, as pessoas tinham apenas duas opções: ter ou não ter um carro. Atualmente, temos milhões de possibilidades, e isso pode tornar a nossa vida mais estressante e complexa.

Multiplique a decisão de escolher um carro específico por todas as escolhas de alimentação, lazer, moradia, viagens, roupas, amigos, trabalho e muitas outras. É impossível analisar e ponderar todos os requisitos de cada escolha, por isso grande parte dessas decisões *é* automática, irracional e com grande fator emocional.

Certa vez, em um evento de perguntas e respostas, Mark Zuckerberg, CEO do Facebook, foi perguntado sobre algo que todos já haviam notado e tinham vontade de perguntar: por que ele parece usar a mesma camiseta cinza todo dia? Ele respondeu: "Eu realmente quero simplificar minha vida, tomar o menor número de decisões que não tenham a ver com servir a essa comunidade da melhor maneira possível."

Mark Zuckerberg também revelou que, para o bem de sua higiene, possui várias camisas iguais. "Estou em uma posição de muita sorte, em que eu acordo todos os dias e ajudo mais de um bilhão de pessoas. E sinto que não estou fazendo o meu trabalho se eu gastar a minha energia em coisas que são bobas ou frívolas sobre a minha vida" (ZUCKERBERG *apud* FREITAS, 2014). Vale lembrar

> Todos os dias, temos que tomar dezenas de decisões. Seria sensato destinar mais tempo, estudo e recursos para aquelas que envolvem maior impacto em nossas vidas. E fundamentalmente: nos conhecermos melhor. Mas não é tão simples assim.

que algumas outras grandes personalidades também utilizavam a mesma estratégia: Steve Jobs, Albert Einstein, Barack Obama.

Todos os dias, temos que tomar dezenas de decisões. Seria sensato destinar mais tempo, estudo e recursos para aquelas que envolvem maior impacto em nossas vidas. E fundamentalmente: nos conhecermos melhor. Mas não é tão simples assim. Perdemos muito tempo procrastinando e nos distraindo; as decisões complexas são mais difíceis e demoradas, assim as evitamos, em detrimento de outras mais simples, fáceis e de rápido retorno.

## AUTOCONHECIMENTO

O propósito de muitas empresas é facilitar e resolver problemas dos clientes (ou de novos consumidores) da maneira mais simples e rápida possível. Assim, surgem diariamente diversos aplicativos, comida delivery, redes sociais e serviços em domicílio.

Se, por um lado, esses serviços facilitam nossas vidas, por outro, se não forem usados com parcimônia e atenção, podem aumentar os gastos, contribuir para o sedentarismo e distanciar as pessoas da "vida real".

Por isso, é importante:

1. **Conhecer suas verdadeiras motivações**

    Tente se conhecer melhor. Saiba o que te dá prazer, o que gosta de fazer e o que te faz feliz. Todos temos motivações diferentes; uns gostam de tecnologias, outros curtem atividades ao ar livre, outros preferem viagens e experiências diferentes. Ao longo da vida, nossas motivações e preferências vão mudando de acordo com nossas vivências, maturidade e influências. Nós, seres humanos, somos inspirados pelo que os outros falam e fazem — isso pode ter um lado positivo, mas também pode nos levar a um caminho de consumo negativo.

A maioria das pessoas aprende pelo exemplo, seja o dos pais, amigos, professores, ídolos e atualmente até dos "influenciadores digitais". No mundo contemporâneo, essas pessoas se tornaram extremamente relevantes — e por isso são muito bem pagas para divulgar produtos e influenciar seus seguidores.

Em relação às influências sociais, podemos dividi-las em duas categorias básicas: (1) a primeira envolve informação — muitas pessoas fazendo ou pensando algo específico influi as suas próprias ações e seus pensamentos, determinando até o que seria mais conveniente fazer ou pensar; (2) a segunda envolve pressão social — ficar imaginando o que os outros pensam a seu respeito (talvez por acreditar equivocadamente que eles estejam realmente preocupados com o que você faz) pode fazer com que siga a multidão para não ser diferente.

Alguns exemplos:

- Em lugares onde há maior prevalência de adolescentes engravidando, observa-se um aumento da probabilidade de gravidez precoce.

- A obesidade é "contagiosa". Se você convive com amigos ou com parceiros que estão engordando, existe um grande risco de você também ganhar peso.

- Se escuta sempre sobre o "sonho da casa própria", mesmo que ele não seja genuinamente o seu sonho, você acaba se convencendo de que não pode viver sem sua casa, mesmo sem se dar conta dos custos, dos benefícios e principalmente do impacto dessa decisão na sua vida

Portanto, tente se conhecer e ser fiel ao seu estilo de vida. Procure se lembrar de momentos e atividades em sua vida que te fizeram realmente feliz. Identificá-los é fundamental para determinar suas escolhas e evitar agir por impulso ou influências externas.

## 2. Conhecer bem as próprias finanças

Conheça bem as suas finanças e saiba seus limites. É imprescindível saber o valor das suas receitas e despesas mensais e suas possíveis variações em determinados meses. Avaliar se algo é caro ou barato está relacionado à nossa capacidade de comprar e poupar e o valor que temos em caixa.

Reconhecer as nossas receitas e gastos ajuda muito a fazer avaliações de maneira mais assertiva e simples. Contribui também para gerar menos frustrações e erros ao saber até que ponto gastar.

Tudo aquilo que podemos mensurar é mais fácil de gerenciar. Se você conseguir isso, com o passar do tempo, a sua percepção e a sua avaliação vão ficar mais apuradas e naturais, sendo mais fácil tomar as simples decisões do dia a dia e até as decisões mais complexas.

Se a cada compra — uma simples refeição, uma roupa ou até uma casa própria — um algoritmo, naquele momento, nos informasse do impacto exato dessa compra na nossa vida financeira e emocional, certamente compraríamos muito menos.

Todas as decisões têm um custo e farão com que seus sonhos e planos sejam ou não atingidos, dado que seu dinheiro é limitado. Portanto, não gaste com o que não é importante para você. Assim, se você conhecer bem suas finanças pessoais, poderá compreender o que fazer e o que não fazer.

## 3. Ajustar suas expectativas e atitudes

Antes de tudo, é preciso ter a consciência de que os sonhos grandes demandam esforços grandiosos. É preciso alinhar expectativas, compreender que realizações demandam esforço, sacrifícios e tempo. A busca por caminhos mais curtos ou imediatos pode ter graves consequências.

Uma pessoa sedentária que almeja correr uma maratona não vai conseguir fazê-lo do dia para a noite, e muito menos sem grande dedicação. Ter a clareza do objetivo final, que é correr 42 km, já é o primeiro passo. Mas não basta ter vontade, determinação e fé; é preciso ter um plano, acompanhamento e utilizar técnicas para te deixar mais próximo do objetivo. Segundo especialistas em treino de corridas de longa distância, correr uma maratona requer uma alimentação balanceada; isso quer dizer abrir mão de diversos tipos de comidas e bebidas, ter uma rotina exaustiva de treinos, acompanhamento médico e muita resiliência.

Isso não é muito diferente dos demais grandes objetivos de vida e financeiros. Comprar uma água, pagar o almoço, na maioria dos casos, não é complexo, assim como uma simples caminhada de 100 metros. Mas a compra de uma casa, aposentadoria e outros grandes sonhos certamente envolverão um desafio maior. Isso quer dizer também renunciar a outros desejos de curto prazo, aprender a investir, poupar ao longo de anos e ter paciência.

Ao conhecer suas motivações, seus desejos, sonhos e seu limite financeiro, você pode alinhar melhor as expectativas e melhorar significativamente sua qualidade de vida. Por outro lado, ao tentar correr uma maratona sem nenhum preparo ou consciência da distância da prova, muito provavelmente você não conseguirá alcançar o objetivo e ainda correrá o risco de ter alguma lesão ou até um infarto.

## AUTOCONHECIMENTO E FELICIDADE

Alguns dizem que com dinheiro você pode comprar tudo o que lhe proporciona felicidade; outros dizem que dinheiro não compra saúde, família e amigos, elementos que trazem felicidade. Mas, afinal, o que é felicidade?

> [...] a felicidade é o bem da alma, que só pode ser atingido por meio de uma conduta virtuosa e justa.

Durante centenas de anos filósofos, sociólogos, pensadores e religiosos refletiram sobre esse tema "A ideia de felicidade[1] tem grande importância para a origem da Filosofia. Ela faz parte das primeiras reflexões sobre ética elaboradas" já na Grécia Antiga.

Sócrates (469 a.C.–399 a.C.) deu um novo rumo à compreensão da ideia de felicidade, dizendo que ela não se relacionava apenas

---

[1] A referência filosófica mais antiga de que se dispõe sobre o tema é um fragmento de um texto de Tales de Mileto, que viveu entre as últimas décadas do século VII a.C. e a primeira metade do século VI a.C. Segundo ele, é feliz "quem tem corpo são e forte, boa sorte e alma bem formada" (MILETO *apud* OLIVIERI, 2022, grifo do autor).

à satisfação dos desejos e das necessidades do corpo, pois, para ele, o homem não era só o corpo, mas, principalmente, a satisfação da alma. Assim, a felicidade é o bem da alma, que só pode ser atingido por meio de uma conduta virtuosa e justa.

Platão (348 a.C.–347 a.C.), o maior discípulo de Sócrates, levou essa reflexão filosófica adiante. Como a função do olho é ver e a do ouvido ouvir, **a função da alma** é ser virtuosa e justa, de modo que, exercendo a virtude e a justiça, ela obtém a felicidade.

Os filósofos voltaram a elucidar sobre o tema na Idade Moderna. John Locke (1632–1704) e Leibniz (1646–1716) relacionaram a felicidade ao prazer, um **"prazer duradouro"**. Alguns anos depois, o filósofo iluminista Immanuel Kant (1724–1804), em sua famosa obra *Crítica da Razão Prática*, definiu a felicidade como "a condição do ser racional no mundo, para quem, ao longo da vida, tudo acontece de acordo com o seu desejo e vontade".

> [...] "a condição do ser racional no mundo, para quem, ao longo da vida, tudo acontece de acordo com o seu desejo e vontade".

No início do século XX, de forma mais prática, o psicólogo norte-americano Abraham Maslow criou a famosa "hierarquia de necessidades de Maslow", também conhecida como pirâmide de Maslow, sendo uma divisão hierárquica em que as necessidades de nível mais baixo devem ser satisfeitas antes de alcançar (escalar) as necessidades de nível mais alto para atingir a autorrealização.

Maslow define um conjunto de cinco necessidades descritas na pirâmide:

1. Necessidades fisiológicas (básicas), tais como saciar a fome, a sede, o sono, abrigo.

2. Necessidades de segurança, que vão do simples ato de sentir-se seguro dentro de uma casa a formas mais sofisticadas de segurança, como um emprego estável, um plano de saúde ou um seguro de vida.

3. Necessidades sociais ou de amor, afeto, afeição e sentimentos tais como pertencer a um grupo ou fazer parte de um clube.

4. Necessidades de estima, que passam por duas vertentes — a do reconhecimento das nossas capacidades pessoais; e a do reconhecimento dos outros diante da capacidade de adequação das funções que desempenhamos.

5. Necessidades de autorrealização, em que o indivíduo procura tornar-se aquilo que ele pode ser: "O que os humanos podem ser, eles devem ser: eles devem ser verdadeiros com a sua própria natureza".

E essa busca pela felicidade não ocorreu somente na Antiguidade; hoje, um dos cursos mais procurados na Universidade de Harvard, o do professor Tal Ben-Shahar (2017), usa um ramo da Psicologia para buscar realização pessoal. Segundo ele:

"O que realmente interfere na felicidade é o tempo que passamos com pessoas que são importantes para nós, como amigos e familiares — mas só se você estiver por inteiro: não adianta ficar no celular quando se encontrar com quem você ama. Hoje, muita gente prioriza o trabalho em vez dos relacionamentos, e isso aumenta a infelicidade."

Independentemente da teoria, o ser humano sempre busca o caminho da felicidade, seja pelo corpo são e forte, como sugere Tales de Mileto, de uma conduta virtuosa da alma, proposta por Sócrates, ou até mesmo pela pirâmide de necessidades de Maslow, que pressupõe condição pessoal básica para ir escalando lentamente.

A conquista da felicidade advém de uma boa qualidade de vida, objetivos realizados (ou sendo realizados) e um legado para a posteridade. Todos passam por momentos de alegrias e frustrações, mas a sabedoria de absorver e transformar momentos de vida em felicidade é uma capacidade que pode ser desenvolvida e aprimorada ao longo da vida.

Existem pessoas que têm família, saúde invejável, emprego estável, dinheiro para comprar qualquer coisa, mas se sentem incompletas e infelizes. Existem outras que passam por problemas durante a vida, têm dificuldades financeiras, saúde comprometida e mesmo assim conseguem ser felizes.

Dinheiro não traz felicidade, mas, sim, a capacidade de saber utilizá-lo para proporcionar qualidade de vida e momentos de alegrias. Às vezes, esses momentos nem envolvem dinheiro, apenas um pouco de tempo, organização e boa vontade. No entanto, outras vezes, dinheiro é necessário direta ou indiretamente para dar segurança, realizar sonhos e até mesmo fazer compras e adquirir momentos e experiências de vida.

> Felicidade é poder obter prazer no presente sem prejudicar o futuro.

Felicidade é poder obter prazer no presente sem prejudicar o futuro. E, para você, o que é felicidade? Já parou para pensar o que te deixa feliz?

# ESTRATÉGIA DE GUERRA

Um tratado militar escrito durante o século IV a.C. pelo estrategista conhecido como Sun Tzu deu origem a um dos livros mais emblemáticos da história. O tratado é composto de treze capítulos, cada qual abordando um aspecto da estratégia de guerra, de modo a compor um panorama de todos os eventos e estratégias que devem ser abordados em um combate racional. Acredita-se que o livro tenha sido usado por diversos estrategistas militares ao longo da história, como Napoleão, Zhuge Liang, Cao, Takeda Shingen, Vo Nguyen Giap e Mao Tse Tung.

Depois de diversas traduções e edições, em 1963, Samuel B. Griffith publicou uma edição comentada, em inglês. Mas o livro popularizou-se somente em 1981, quando James Clavell, romancista conhecido por best-sellers passados no Oriente, traduziu a obra e aplicou os conceitos ao ambiente empresarial.

Os ensinamentos presentes em *A Arte da Guerra* permitem mudar a nossa percepção de mundo e refletir sobre os nossos objetivos pessoais. Além disso, podemos trazer alguns importantes aspectos para a estratégia nas finanças pessoais:

1. **"Qualquer um pode ser um soldado"**

    Uma das questões estratégicas apresentadas em *A Arte da Guerra* é indicar como transformar civis em soldados: com ordens claras, motivação e disciplina, qualquer um poderia lutar e se tornar uma liderança. Partindo desse ensinamento, podemos extrair a seguinte relação: você não precisa ser um economista ou grande entendedor de finanças para poder fazer um bom planejamento e ter qualidade de vida com a sua renda.

Basta ter clareza quanto aos seus objetivos, uma estratégia bem definida e disciplina.

## 2. "Conheça seu inimigo e conhecerá a si mesmo; se você tiver cem combates a travar, cem vezes será vitorioso"

Em uma guerra, o inimigo é o centro e o objeto de toda atenção e foco. A ele serão destinados todos os esforços, para destruí-lo. Mas em nossas vidas o elemento de atenção e foco são nossos sonhos, realizações, conquistas e desejos. Precisamos conhecer com detalhes aquilo que almejamos. É necessário compreender tais objetivos, e quais os recursos financeiros, o prazo e a melhor maneira de alcançá-los. Por outro lado, também é fundamental conhecer nossas fraquezas e os deslizes que cometemos, que podem nos deixar mais longe de alcançar nossos principais objetivos. Então, identifique o que realmente lhe dá prazer, para destinar o seu dinheiro. Tome cuidado com itens, serviços e bens que não vão lhe gerar qualidade de vida. Cuidado para não viver de aparências, sustentar um padrão de vida não condizente com sua realidade e não ter um patrimônio para o futuro. A maioria dos objetivos mais grandiosos demandará muito tempo, dedicação, recursos e disciplina, por isso é fundamental saber exatamente o que você busca e minimizar os seus erros.

## 3. "Quando o ataque de um falcão fratura o corpo de sua presa, é porque a atingiu na hora certa"

Você precisa estar atento e saber a hora certa de gastar ou investir. Você sempre terá duas opções para lidar com o dinheiro: gastar agora ou guardar (investir) para usar em outro momento. Existe um tempo e um momento ideal para determinadas decisões e aquisições. Para comprar a casa de seus sonhos ou fazer a viagem tão desejada, muitas vezes terá que esperar um pouco mais. Aguardar os preços diminuírem ou guardar mais dinheiro, evitando dívidas ou financiamentos, ou até mesmo um melhor momento de vida para tomar essa decisão e iniciar um novo plano. Se você não tem dinheiro suficiente para comprar um bem ou realizar um sonho, uma opção pode ser a de obter um financiamento. Isso não necessariamente é ruim, mas deve ser realizado no momento certo e com premissas corretas, senão pode te levar à falência ou a perder muitas outras oportunidades.

4. "Existem alguns exércitos que não devem ser enfrentados, e algumas posses que não devem ser contestadas"

Muitas vezes, você deseja a conquista apenas pela conquista. Busque saber quais são seus verdadeiros objetivos e mentalize a sua vida ao alcançá-los. Será que você realmente deseja comprar aquela casa, ou só acha que já tem uma idade na qual deveria ter um imóvel, ou simplesmente não quer mais pagar aluguel? Saiba reconhecer seus desejos com um viés crítico. **Não haja por impulso**. Às vezes, a melhor maneira de vencer é não lutar. Nem sempre é melhor comprar um apartamento; o importante é se sentir bem no seu lar.

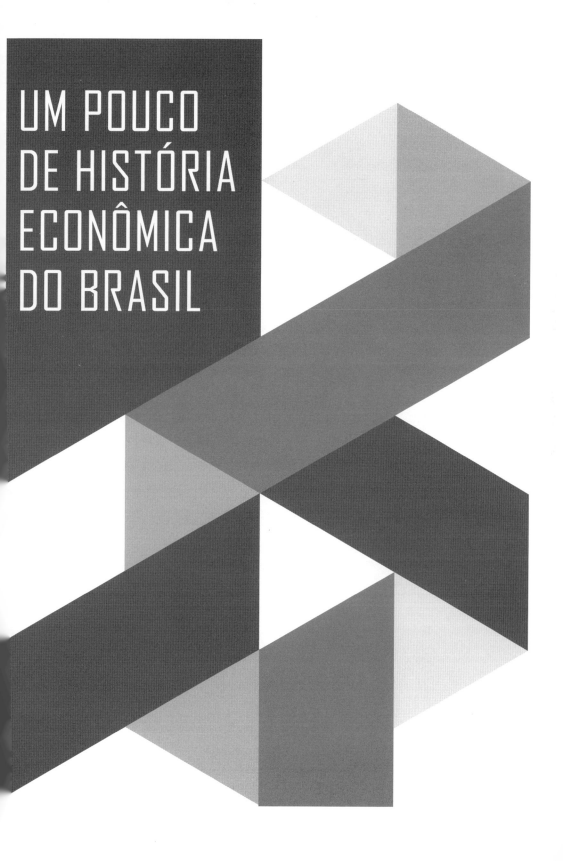
# UM POUCO DE HISTÓRIA ECONÔMICA DO BRASIL

CAPÍTULO 2

# UM POUCO DE HISTÓRIA ECONÔMICA DO BRASIL

Durante quase todo o século XX, a inflação no Brasil subiu. Em alguns momentos, houve pequenas quedas e logo em seguida novas (e assustadoras) escaladas. Alguns governos enfrentavam o problema, outros postergavam e combatiam o que foi feito no governo anterior. E, assim, durante muitas décadas, o Brasil ficou nesse vaivém. Por isso, a inflação passou a ser a mais perigosa ameaça econômica enfrentada em toda a história do país.

Mas a inflação e a incerteza econômica não são novidades na nossa história. Desde o governo de D. João VI, podemos encontrar essas oscilações. Na época, cunhavam-se moedas sem lastro para financiar o gasto excessivo da Corte que acabara de desembarcar. Durante o período em que D. Pedro I foi o governante, fabricava-se dinheiro (também sem lastro ou controle) para financiar a Independência, provocando a alta da taxa de inflação.

> Mas a inflação e a incerteza econômica não são novidades na nossa história.

Segundo Benite (2015), "a condução da política econômica da Nova República elegeu o combate inflacionário como meta principal" e, desde aquela época, os planos econômicos criados no Brasil foram destinados a tirar o país de crises imediatas.

Durante a história recente, podemos encontrar alguns momentos-chave. Em 1986, foi implementado o Plano Cruzado, do governo de José Sarney. Inicialmente, houve apoio de grande parte da população, até mesmo de opositores. Definiram-se regras de conversão de preços e salários de modo a evitar efeitos redistributivos, ou seja, buscou-se promover um "choque neutro" que mantivesse sob o Cruzado o mesmo padrão de distribuição de renda do Cruzeiro.

As principais medidas foram: um gatilho de reajuste dos salários; congelamento de preços, com exceção da energia elétrica; taxa de câmbio fixa; os aluguéis tiveram os valores médios recompostos, e para os investimentos "introduziu-se a 'Tablita', que era uma tabela de conversão com desvalorização diária de 0,45%" (LEITÃO, 2011).

No entanto, os preços praticados estavam desequilibrados. Em virtude disso, muitos produtores não puderam reajustar seus preços e acabaram perdendo rentabilidade no negócio ou, em alguns eventos, ficaram com preços mais baixos que os custos, o que levou à queda na qualidade de vários produtos. A política de congelamento dos preços levou ao desabastecimento de alguns bens e o surgimento da especulação para a compra de produtos como carne, leite e automóveis. O fracasso desse plano econômico implicou em outros dois planos: o Plano Bresser e o Plano Verão, que também foram baseados em congelamentos e não tiveram o fim desejado.

O Plano Bresser foi implementado para conter o déficit público, já que o Brasil gastava mais do que arrecadava. A estratégia criada pelo ministro da Fazenda, Luiz Carlos Bresser, foi o congelamento dos preços, dos aluguéis e dos salários, além de desativar o reajuste dos salários pela inflação, aumentar os impostos e adiar as obras de grande porte já planejadas. Porém, essas estratégias adotadas pelo Plano Bresser não impediram que a inflação atingisse 366% em dezembro de 1987 (PEREIRA, 1994).

O Plano Bresser foi substituído pelo Plano Verão, que outra vez promoveu o congelamento de preços e salários, além da troca da moeda, do Cruzado pelo Cruzado Novo, determinando assim o corte de três zeros na moeda. Esse Plano foi desastroso para quem possuía caderneta de poupança, pois desajustou seu índice ao implementar uma lei que modificava o rendimento; as perdas chegaram a 20,37% (PEREIRA, 1994).

Após o governo Sarney, o presidente Fernando Collor também se dedicou ao combate à inflação. Entretanto, dada a experiência adquirida com os diversos planos heterodoxos do governo Sarney e o aprendizado com seus insucessos, surgiram novas ideias sobre a natureza da inflação brasileira e as causas do fracasso nas tentativas da estabilização até então implementadas. Além do diagnóstico tradicional de descontrole monetário e fiscal, uma tese começou a ganhar força crescente: o insucesso dos choques anti-inflacionários do governo Sarney devia-se à elevada e crescente liquidez dos haveres financeiros não monetários.

O medo da "fuga" dos ativos financeiros imobilizava a política monetária e cambial, o que impedia se romper com a indexação, ocorrendo uma espiral preço-câmbio-salário. Para evitar a especulação, o governo deveria manter a taxa de juros alta e estável. A necessidade de fixar as taxas de juros levava a uma política monetária passiva, impedindo o controle dos agregados monetários. Assim, o único instrumento com que o governo contava eram as operações de mercado aberto, com a colocação de títulos públicos que, devido à incerteza, levava o Banco Central a formar taxas diárias no overnight com base na expectativa de inflação corrente, o que tornava a indexação sem limites.

Além da reforma monetária que se centrou na drástica redução da liquidez da economia, por meio do bloqueio de cerca de metade dos depósitos à vista, 80% das aplicações de overnight e fundos de curto prazo e cerca de um terço dos depósitos da poupança, houve uma importante reforma administrativa e fiscal que tinha por objetivo promover um ajuste fiscal da ordem de 10% do PIB, eliminando um déficit projetado de 8% do PIB e gerando um superávit de 2%.

Esse ajuste se faria por meio de redução do custo de rolagem da dívida pública; suspensão dos subsídios; incentivos fiscais e isenções; ampliação da base tributária por meio da incorporação dos ganhos da agricultura, do setor exportador e dos ganhos de capital nas bolsas; tributação das grandes fortunas; IOF extraordinário sobre o estoque de ativos financeiros; fim do anonimato fiscal; proibição dos cheques e das ações ao portador (e a privatização de empresas públicas).

Depois de diversas tentativas, dentre elas os planos Collor I e Collor II, o período Collor de Mello, embora marcado pela crise política do *impeachment*, trouxe a discussão sobre a privatização e a mudança na estratégia de comércio exterior, com a liberalização das importações (a chamada *abertura comercial*). Com o *impeachment* de Collor, o vice, Itamar Franco, assumiu a presidência, colocando-se como um governo de transição, demorando a dar qualquer rumo à política econômica. O último plano de estabilização implantado no país começou a ser gerado e foi implantado na gestão de Fernando Henrique Cardoso no Ministério da Fazenda, o Plano Real.

De acordo com Tarden (2020), "o programa de estabilização econômica divulgado em 1993" possuía duas diretrizes principais: "o equilíbrio orçamentário e a criação da Unidade Real de Valor (URV).

A URV serviu como transição para a introdução de uma nova moeda. O Real foi introduzido no Brasil em junho de 1994".

Com a implantação do Plano Real no Brasil, iniciou-se um processo de estabilização econômica, possibilitando assim que as pessoas consumissem mais, porém devido à falta de hábito de planejar as finanças pessoais ou até mesmo poupar dinheiro, como acontece em uma economia mais estruturada, a população brasileira se endividou.

## FINANÇAS PESSOAIS NO BRASIL

Muitos eventos ocorreram, provocando mudanças em relação ao planejamento financeiro desde o lançamento do Plano Real. De acordo com o pesquisador Tarden (2020), "antes da era Collor, os brasileiros já estavam acostumados a não" fazer nenhum tipo de planejamento financeiro, e ainda, com a redução do dinheiro nas mãos, houve um agravamento das dívidas pessoais. Porém, "com a estabilidade econômica, o salário do trabalhador de classe média ganhou poder de compra" e, além disso, com a inflação controlada, houve um favorecimento na aquisição de bens, como carros e casa própria.

> Com a estabilização econômica no Brasil, tornou-se possível estimar e planejar [...]

Até meados de 1990, os brasileiros viviam em um mercado com elevadas taxas de inflação e preços subindo quase diariamente. Com a implantação do Plano Real em 1994, iniciou-se um processo de estabilização econômica, possibilitando que as pessoas passassem a consumir mais, devido às facilidades de crédito, juros mais baixos e parcelamentos. Isso gerou grandes endividamentos, já que as pessoas não tinham uma educação financeira sólida nem mesmo conhecimento suficiente acerca do planejamento financeiro pessoal.

Com a estabilização econômica no Brasil, tornou-se possível estimar e planejar: tentar equilibrar os gastos e investir em algo sólido para fazer o dinheiro trabalhar pelas pessoas, gerando, assim, lucro. Nesse momento histórico, os investimentos funcionavam como uma defesa financeira de curto prazo devido às instabilidades econômicas; e o melhor que poderia ser feito era a compra de imóveis, por ser um bem material não suscetível à inflação e aos bloqueios.

## A BOLSA DE VALORES NO BRASIL

A Bolsa de Valores nos moldes que conhecemos hoje foi fundada em 1890 pelo então presidente do Banco do Brasil, Emílio Rangel Pestana.

Nas primeiras décadas de funcionamento, havia uma alta instabilidade. No início da década de 1960, uma Bolsa de Valores diferente funcionava em cada estado e era controlada respectivamente pelas Secretarias Estaduais de Finanças. Porém, em meados de 1965, todas se desvincularam do estado e passaram a ser associações civis sem fins lucrativos, regulando-se com autonomia financeira e administrativa.

No início dos anos 2000, as duas maiores Bolsas, a do Rio de Janeiro e a de São Paulo, iniciaram um processo de unificação das outras nove Bolsas restantes no Brasil. A partir de então, as ações passariam a ser negociadas na Bovespa em São Paulo, e os Títulos Públicos, por sua vez, negociados eletronicamente na Bolsa do Rio de Janeiro.

Com a revolução digital, em setembro de 2005, houve o fim do pregão de viva voz, tornando a Bolsa totalmente eletrônica, dando fim à bagunça de papéis e corretores ao telefone — que foi, por muito tempo, símbolo do mercado financeiro.

Já em 2002, com uma parceria firmada entre a BM&F Bovespa e o Governo Federal, foi possível comprar títulos públicos para custear a dívida da União — um dos modos que o governo tem para captar recursos e custear suas atividades. Assim, o investidor se torna um credor do governo.

Percebemos, com essa pequena história da Bolsa de Valores no Brasil, que grande parte dos investimentos que conhecemos hoje existe há pouco mais de vinte anos. Assim, não podemos culpar as gerações anteriores por terem sido conservadoras e não terem investido no mercado financeiro.

## CURIOSIDADE: A QUEBRA DA BOLSA DO RIO DE JANEIRO

Em 1969, chegava ao Brasil o rico empresário libanês Naji Nahas. Com apenas 22 anos e muita ousadia, Nahas buscava empreender em terras brasileiras. Na década de 1980, Nahas investiu pesado na Bolsa de Valores do Rio de Janeiro, chegando a ser dono de 7% da Petrobras e de 12% da Vale. Na época, havia uma forte volatilidade e o mercado de capitais brasileiro sofria muitas oscilações, dado o nível de incerteza acerca da economia e das políticas governamentais.

Em 1988, Nahas se tornou famoso por conta de uma manobra ilegal. Comprando uma imensa quantidade de ações e opções da Petrobras, que estava com o valor baixo, ele começou a negociar as ações consigo mesmo, uma operação conhecida como Zé-com-Zé. Funcionava assim: com altos empréstimos bancários, corretores e laranjas, inflando as cotações, ele comprava e vendia ações para si mesmo, manipulando uma alta artificial das "próprias" ações.

Como na época o mercado de ações no Brasil era muito pequeno, eram necessários apenas "poucos milhões" para manipular o mercado de ações (hoje, com a Bolsa sendo mais vigiada e regulamentada, ainda seriam necessários bilhões para fazer os preços de uma ação subir). Assim, em meio a essa forte especulação, as autoridades soltaram um alerta para uma provável "bolha" especulativa.

Descoberto o esquema de Nahas, o presidente da Bovespa na época, Eduardo da Rocha Azevedo, solicitou aos bancos que cancelassem os empréstimos feitos ao investidor. Porém o estrago sem proporções já estava feito: Nahas passou milhões em cheques sem fundo para comprar as ações. Como forma de reaver o prejuízo, o presidente da Bovespa decidiu confiscar US$500 milhões da carteira de Naji Nahas.

Logo em seguida, o pânico tomou conta do mercado e as negociações ficaram suspensas. Quando finalmente voltaram, houve uma corrida para vender tudo o mais rápido possível, fazendo com que as ações perdessem imediatamente 1/3 do seu valor.

Desde então, a Bolsa de Valores do Rio de Janeiro jamais se recuperou. Além disso, perdeu todo protagonismo (e até a credibilidade) na Bovespa e acabou fechando em 2000.

Naji Nahas foi preso e condenado à prisão domiciliar por um ano. Porém, por fim, foi inocentado ao usar a defesa de que não era apenas ele quem praticava essas ações ilegais. Em 2007, a Terceira Turma do Tribunal Regional Federal da 2ª Região (TRF-2) declarou a inexistência de qualquer crime do megainvestidor Naji Nahas contra o Sistema Financeiro Nacional (Lei do Colarinho Branco).

## EDUCAÇÃO FINANCEIRA

Se por um lado a educação financeira nos países desenvolvidos é ensinada, tradicionalmente, dentro das famílias — e as escolas complementam esse aprendizado —, no Brasil, a educação financeira não faz parte do universo educacional familiar, tampouco do escolar.

De modo geral, as escolas não se preocupam em trazer a realidade da vida financeira para os alunos e muito menos falam sobre investimentos. Nas famílias, que deveriam trabalhar em conjunto com as escolas, também não se ensina e, por isso, os jovens acabam se tornando analfabetos financeiros, dando mais prioridade à despesa do que à poupança.

> A ausência de saúde financeira acarreta impactos sobre a qualidade de vida dos consumidores, haja vista que dívidas geram estresse, insônia, depressão, problemas familiares e outros desequilíbrios sociais.

A falta de controle no orçamento financeiro, decorrente, na maioria das vezes, da falta de informação e de planejamento financeiro, tem sido um dos fatores que afeta a saúde financeira dos consumidores. Soma-se a isso o fato de que o problema do consumismo não afeta somente os adultos, mas também crianças e jovens em idade escolar. Essa nova geração, encantada pela publicidade, acaba associando seu bem-estar e alegria à aquisição de produtos, agravando ainda mais a situação financeira das famílias.

Dessa forma, grande parte da sociedade contemporânea acaba ficando à margem do mundo dos investimentos, sobretudo dos investimentos em longo prazo, como o mercado de capitais.

A ausência de saúde financeira acarreta impactos sobre a qualidade de vida dos consumidores, haja vista que dívidas geram estresse, insônia, depressão, problemas familiares e outros desequilíbrios sociais. "O trabalho é afetado, pois pessoas endividadas tendem a produzir menos"; essa é a tese estudada por Hissa (2009), em que a tranquilidade/felicidade dos indivíduos está associada à saúde financeira.

Nesse sentido, o mercado financeiro é importante para o desenvolvimento econômico de qualquer país. É por meio dele que o dinheiro flui das mãos de investidores (pessoas ou empresas cuja renda é superior aos gastos) para pessoas ou empresas que gastam mais do que têm disponível e buscam recursos financeiros.

Além disso, ao longo dos anos, o mercado financeiro tem se modificado bastante, apresentando novas formas de investir — o que tende a afastar ainda mais o público que não teve uma educação financeira básica.

## PARA ENTENDER MELHOR O MERCADO FINANCEIRO

Em 1967, o professor de economia George Akerlof estudou e escreveu sobre o mercado de carros usados. No início, sua publicação foi rejeitada, pois os pareceristas acreditavam que as conclusões estavam equivocadas. Três anos depois, o *The Quarterly Journal of Economics* publicou "The Market of Lemons: Quality Uncertainty and the Market Mechanism", e esse estudo passou a ser um dos textos mais citados nos últimos cinquenta anos. Em 2001, foi agraciado com o Prêmio Nobel de Economia.

No artigo, Akerlof (1970) mostrou algo surpreendente: enquanto a maioria das análises econômicas presumia que as partes envolvidas em uma transação (1) estavam inteiramente informadas e (2) tomavam decisões racionais, visando maximizar o ganho pessoal, Akerlof colocou em xeque a parte 1 (posteriormente, a Economia Comportamental colocou em xeque também a parte 2).

Carros ruins, que os norte-americanos chamam de *limões* (ou *abacaxis*, no Brasil), são os carros menos desejáveis e, portanto, têm que ser mais baratos. O problema é que, no mercado de carros usados, somente o vendedor sabe se o veículo é um abacaxi. Assim, as partes envolvidas estão diante de uma "assimetria da informação". Um lado está inteiramente informado e o outro está, no mínimo, parcialmente no escuro.

Se o vendedor tem mais informações que o comprador, podem acontecer duas coisas: ou o comprador fica desconfiado ou acaba levando um abacaxi para casa. Isso tem mudado com o advento da internet; as pessoas passaram a buscar referências e informações, bem como ouvir a opinião e a avaliação de outros compradores, estando assim em melhores condições de negociação.

No entanto, ainda existem alguns produtos ou serviços em que o vendedor tem informações privilegiadas — seja pela falta de interesse do comprador em buscar informações, seja pela complexidade do produto ou simplesmente por confiar no vendedor. **Um exemplo claro disso é o investimento no mercado financeiro.**

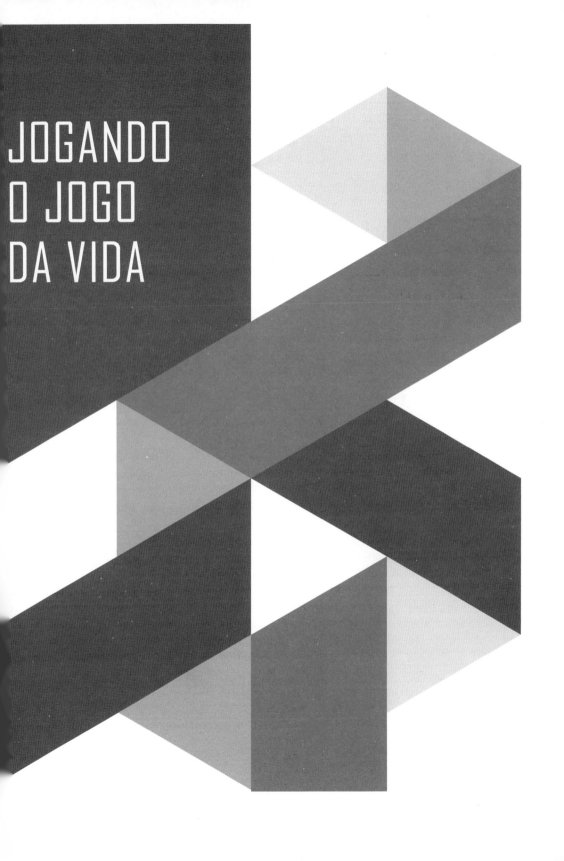
# JOGANDO O JOGO DA VIDA

CAPÍTULO 3

# JOGANDO O JOGO DA VIDA

## PEÇAS DO JOGO: GASTOS E SONHOS

Muitas pessoas ganham dinheiro ao longo da vida, mas não conseguem realizar grande parte dos seus sonhos, não têm uma vida feliz nem podem usufruir de uma boa qualidade de vida na velhice. Uma pesquisa noticiada pelo jornal *The Guardian*, realizada pela enfermeira Bronnie Ware com diversos pacientes terminais em suas últimas doze semanas de vida, mostra os seus maiores arrependimentos:

1. **Eu gostaria de ter tido a coragem de viver uma vida fiel a mim mesmo**

    Somente no leito de morte as pessoas percebem quantos sonhos não foram realizados ao longo da vida. Bronnie Ware mostra que a maioria dos pacientes não tinha realizado nem mesmo a metade dos seus desejos.

## 2. Eu queria não ter trabalhado tanto

Este foi o pesar mais comum entre os pacientes do sexo masculino, de acordo com a enfermeira. Por conta do trabalho, eles lamentam que perderam a convivência durante a juventude dos filhos e o companheirismo dos parceiros.

## 3. Eu queria ter tido a coragem de expressar meus sentimentos

A enfermeira explica que muitas pessoas suprimiram seus sentimentos a fim de manter a paz com os outros. "Como resultado, elas adotaram uma existência medíocre e nunca vieram a ser quem elas eram realmente capazes de se tornar", diz a enfermeira.

## 4. Eu queria ter mantido mais contato com meus amigos

Muitos se tornaram reféns das próprias vidas, perdendo grandes amizades ao longo dos anos. "Houve arrependimentos profundos sobre amizades que mereciam mais tempo e esforço para serem cultivadas."

## 5. Queria ter me permitido ser mais feliz

"Este é um pesar surpreendentemente comum", diz a enfermeira. "Muitos não percebem até o fim da vida que a felicidade é uma escolha. Eles haviam ficado presos em velhos padrões e hábitos."

Todos os arrependimentos relatados anteriormente são muito comuns. Nenhum deles é diretamente relacionado com a falta de dinheiro em si, mas todos são consequências da falta de organização, planejamento e prioridades. Muitos passam a vida inteira sem ao menos descobrir o que era realmente importante, "apagando pequenos incêndios" a todo momento.

A vida é feita de escolhas, portanto é fundamental definir o que vale a pena. E se, ao longo do caminho, você perceber que uma escolha foi errada, tudo bem. Sempre temos a chance de mudar e voltar a planejar nossas vidas.

### E você... quais os seus planos de vida?

Essa é uma pergunta que, de tão simples, é muito complexa. Raras pessoas têm total clareza de **qual o seu plano de vida**. No entanto, a falta de clareza, ou pelo menos um caminho para essa resposta, nos faz caminhar na direção errada, perder muito tempo, dinheiro, pessoas e felicidade.

Os verdadeiros planos não se limitam a apenas ter uma casa, se aposentar, viajar etc. Claro que tudo isso é importante, mas ao longo da vida podemos acumular muitas experiências, aventuras e fazer o que realmente gostamos. Se você nunca parou para pensar sobre isso antes, não tem problema, nunca é tarde para começar.

Já pensou em criar uma lista com os seus sonhos e planos? Ter uma lista pode ajudá-lo a alcançar seus sonhos, além de contribuir para ter mais consciência e disciplina. O interessante dessa lista é conter não apenas os seus desejos, mas também todas as suas conquistas. Com o passar do tempo, essa lista vai sendo ajustada, os sonhos e as prioridades vão mudando, porém as suas realizações e feitos vão fazer parte da sua história.

Pensando na perspectiva da vida como um jogo — já conversamos sobre algumas dessas regras e estratégias —, coloque um pouco disso em prática. Quais são os seus objetivos neste jogo da vida? Qual história gostaria de contar — o que gostaria de ter conquistado daqui a vinte, trinta ou cinquenta anos?

Compartilho com vocês a minha lista atual, que certamente não é a última e ainda sofrerá muitas alterações e novos planos.

## BUCKET LIST

| # | SONHOS | REALIZADO! | EU QUERO! |
|---|---|---|---|
| 1 | Ver a Aurora Boreal | ( ) | ( x ) |
| 2 | Passear em um balão | ( ) | ( x ) |
| 3 | Apreciar a vista no Grand Canyon | ( ) | ( x ) |
| 4 | Comprar um carro de luxo | ( x ) | ( ) |
| 5 | Morar num país de cultura não ocidental | ( x ) | ( ) |
| 6 | Fazer um safári na África | ( ) | ( x ) |
| 7 | Conhecer os sete continentes | ( ) | ( x ) |
| 8 | Abrir a minha própria empresa | ( x ) | ( ) |
| 9 | Andar pela muralha da China | ( ) | ( x ) |
| 10 | Ir a jogos de uma Copa do Mundo | ( x ) | ( ) |
| 11 | Assistir a uma final no Maracanã | ( x ) | ( ) |
| 12 | Escalar um vulcão | ( x ) | ( ) |
| 13 | Investir na bolsa de valores | ( x ) | ( ) |
| 14 | Praticar rapel ou canoagem | ( x ) | ( ) |
| 15 | Visitar as pirâmides do Egito | ( x ) | ( ) |
| 16 | Aprender a surfar | ( x ) | ( ) |
| 17 | Passar no vestibular | ( x ) | ( ) |
| 18 | Conhecer as sete maravilhas do mundo moderno | ( ) | ( x ) |
| 19 | Observar de perto baleias nadando | ( ) | ( x ) |
| 20 | Dormir em uma praia | ( x ) | ( ) |
| 21 | Assistir a um espetáculo na Broadway | ( x ) | ( ) |
| 22 | Acampar em um lugar deserto (deserto mesmo) | ( x ) | ( ) |
| 23 | Conhecer Londres | ( x ) | ( ) |
| 24 | Comprar um carro dos sonhos | ( ) | ( x ) |
| 25 | Ir ao Louvre e ver a Monalisa de perto | ( x ) | ( ) |
| 26 | Montar em um camelo | ( x ) | ( ) |

▶

| # | SONHOS | REALIZADO! | EU QUERO! |
|---|---|---|---|
| 27 | Morar em Israel | ( x ) | ( ) |
| 28 | Escalar uma das maiores montanhas do mundo | ( ) | ( x ) |
| 29 | Mergulhar com cilindro de oxigênio | ( x ) | ( ) |
| 30 | Comer em um restaurante seis estrelas | ( x ) | ( x ) |
| 31 | Andar de jet-ski | ( ) | ( x ) |
| 32 | Ver um iceberg de perto | ( ) | ( x ) |
| 33 | Flutuar no Mar Morto | ( x ) | ( ) |
| 34 | Voar na primeira classe | ( ) | ( x ) |
| 35 | Comprar uma moto | ( x ) | ( ) |
| 36 | Fazer um cruzeiro | ( ) | ( x ) |
| 37 | Fazer um mochilão pela Europa | ( x ) | ( ) |
| 38 | Fazer trabalho voluntário em outro país | ( ) | ( x ) |
| 39 | Visitar um vulcão ativo | ( x ) | ( ) |
| 40 | Dar um presente valioso a um desconhecido | ( ) | ( x ) |
| 41 | Ter uma casa na praia | ( ) | ( x ) |
| 42 | Fazer um desejo na Fontana di Trevi, em Roma | ( ) | ( x ) |
| 43 | Comer um tradicional *fondue* na Suíça | ( ) | ( x ) |
| 44 | Atravessar um país dentro de um carro | ( ) | ( x ) |
| 45 | Ir a uma corrida de F1 | ( ) | ( x ) |
| 46 | Comprar almoço para uma pessoa que vive nas ruas e comer com ela | ( ) | ( x ) |
| 47 | Ir a uma Copa do Mundo | ( x ) | ( ) |
| 48 | Viajar de uma cidade a outra de bicicleta | ( ) | ( x ) |
| 49 | Fazer um curso de culinária | ( ) | ( x ) |
| 50 | Ir a uma Olimpíada | ( x ) | ( ) |
| 51 | Esquiar na neve | ( ) | ( x ) |
| 52 | Aprender a tocar um instrumento musical | ( x ) | ( ) |
| 53 | Provar tequila no México | ( x ) | ( ) |
| 54 | Empreender | ( x ) | ( ) |
| 55 | Subir na Torre Eiffel, em Paris | ( x ) | ( ) |
| 56 | Comer pizza Margherita em Nápoles | ( ) | ( x ) |

Sempre que leio e revejo a minha lista, tenho um orgulho imenso da minha história, das coisas que vivi e de tudo que ainda quero realizar.

Se você ainda não tem orgulho da sua lista, é tempo de criar e mudar essa história. Perceba que diversos dos meus sonhos e realizações não envolveram diretamente dinheiro, mas houve muito planejamento e a intenção de realizar.

## PEÇAS DO JOGO: SONHOS E OBJETIVOS

Estamos a todo momento lutando contra a natureza complexa do dinheiro e contra a nossa incapacidade de ponderar os custos de oportunidade. Pior, estamos constantemente combatendo as influências externas que tentam fazer com que gastemos mais, por impulso, com mais frequência e de forma menos regrada. Existem diversas forças que querem que percebamos incorretamente o verdadeiro valor das coisas porque muitos lucram quando gastamos irracionalmente.

Quando algo está em "promoção", agimos mais rapidamente e pensamos menos do que se o produto tivesse com o preço "normal". Temos uma tendência maior a comprar uma camisa de R$200 com um desconto de 40%, do que a mesma camisa com o preço (fora da promoção) de R$120.

A dificuldade de descobrir como avaliar coisas corretamente nos induz a erros e a buscar meios alternativos de definir o valor. No exemplo anterior, nos confundimos em virtude do "valor relativo" — ao compararmos o preço atual de um produto com o quanto ele custava antes da promoção, ou disseram que custava, temos a falsa impressão de que estamos "lucrando".

E os custos e os valores são sempre relativos: algumas pessoas gastam R$30 mil ou mais nas férias, mas rodam diariamente vinte minutos procurando vaga para evitar o custo do estacionamento ou flanelinha. Todos nós temos as nossas incongruências em relação ao valor das coisas.

Porém também não podemos, toda vez que compramos um cafezinho, ponderar "isso poderia ser um litro de gasolina, um chocolate de sobremesa, 0,00001% da casa dos meus sonhos, ou qualquer outra coisa de número infinito de partes ou compras no presente ou futuro". Isso tornaria nossa vida um tanto quanto chata e neurótica. Em vez disso, podemos usar uma contabilidade mental, ou mesmo fazer uso de diversos aplicativos de finanças pessoais, separando cada compra em blocos ou orçamentos (o cafezinho faz parte do orçamento alimentação); isso faz com que nosso pensamento fique mais limitado e mais plausível de ser controlado. Assim, o dinheiro do cafezinho não é o mesmo que vai te levar para uma viagem na Europa, mas economizar um pouco pode fazer com que aquele almoço em um restaurante especial seja mais frequente sem comprometimento do orçamento.

Agora imagine que esse orçamento seja uma peça do seu jogo, como já comentamos anteriormente. Todos os seus grupos de gastos, sejam eles no presente ou no futuro, representam essas peças, lembrando que quanto maior o valor destinado a um orçamento, maior será o tamanho dessa peça e o espaço ocupado por ela.

Se você perceber que tem uma peça ocupando um espaço na sua vida maior do que você gostaria, é isso que você deve analisar e pensar nela mais criteriosamente. Avalie os seus gastos e as maneiras de reduzir o tamanho dessa peça.

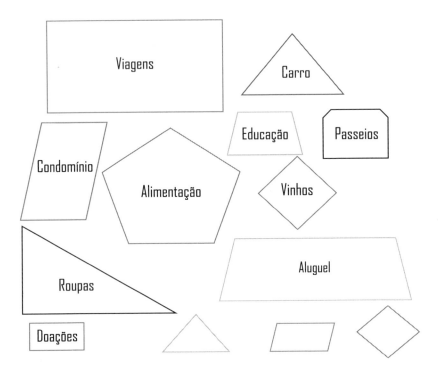

Fonte: Elaborado pelo autor.

O custo de oportunidade é aquilo em que deveríamos pensar ao tomarmos as decisões financeiras. Deveríamos levar em conta as alternativas de que estamos abrindo mão ao optarmos por gastar dinheiro agora. E isso não se restringe apenas às finanças do dia a dia, mas determina os caminhos de vida. Não é sobre abrir ou não mão do cafezinho, do jantar ou da compra de uma casa, mas sobre como tomamos todas as decisões de vida.

Em 1953, o então presidente norte-americano Dwight Eisenhower falou em um discurso sobre a corrida armamentista:

"Cada arma fabricada, cada navio de guerra lançado ao mar, cada míssil disparado, significa, em última instância, um roubo àqueles famintos sem ter o que comer, àqueles que passam frio sem ter o que vestir. Este mundo armado não gasta inofensivamente. Queima o suor dos seus trabalhadores, o gênio dos seus cientistas, a esperança de suas crianças. Eis o custo de um bombardeiro moderno: uma escola equipada em mais de 30 cidades. Ao menos duas hidrelétricas modernas servindo uma cidade de 60 mil habitantes. Dois modernos hospitais, ao menos 80 quilômetros de rodovias — pagamos por um jato de guerra com meio milhão de sacas de trigo; um navio de guerra nos custa o lar de 8 mil pessoas. Reitero: não pode ser um modo de vida — sob a névoa da guerra iminente, a humanidade se equilibra numa tênue fronteira forjada no aço" (EISENHOWER, 1953, tradução nossa).

De forma semelhante, o governo brasileiro tem os seus orçamentos para investir por meio de diversas leis de responsabilidade fiscal. No entanto, por diversos erros do passado, o custo da dívida pública brasileira gira em torno de 40% do seu PIB, tornando-se o maior gasto do Governo Federal e limitando diversos investimentos importantes em áreas como saúde, educação e infraestrutura.

A lógica para cuidarmos do nosso dinheiro não é diferente, afinal, todos os nossos erros e acertos serão percebidos em nossa qualidade de vida. Porém, como já dito, se tivermos que pesar todos os prós e contras das nossas decisões, a vida seria uma chatice insuportável. Por isso, dividir o dinheiro em orçamentos, mensurar os objetivos futuros, fará com que a gestão das finanças se torne mais fácil e com melhores resultados. Esse é um exercício diário que fará com que a sua percepção fique muito mais apurada, e o processo de tomada de decisão, mais natural.

Ter dinheiro nunca deve ser um objetivo, mas inevitavelmente ele é um importante meio para a realização dos nossos sonhos — seja para comprar uma viagem, realizar um sonho específico ou até mesmo ter uma reserva financeira para ter coragem de pedir demissão.

Dinheiro não necessariamente traz felicidade, mas a capacidade de transformar e saber utilizar o dinheiro para melhorar a qualidade de vida e ter momentos de alegrias, sim. Para alguns, e em determinadas ocasiões, pouco dinheiro é suficiente; para outros, não.

Muitos sonhos e objetivos deixam de ser realizados por serem considerados "caros" demais ou muito difíceis, antes mesmo de planejarmos. Claro, nem tudo é possível, mas, com um bom planejamento, muitas coisas podem ser realizadas.

Um exemplo: **é possível uma pessoa que ganha R$1 mil por mês comprar um carro de R$1 milhão?**

Sim, é possível. Se essa pessoa conseguir investir metade da sua receita por 33 anos, com juros de 0,7% ao mês, ela terá R$1 milhão.

Mas a pergunta é: será que vale a pena?

Se a resposta for sim, esse indivíduo terá que ter a clareza de que ao longo dos próximos 33 anos terá que economizar 50% do salário todos os meses, abrindo mão de muitas outras compras, projetos e objetivos. Apenas acreditar que é possível não adianta nada. É preciso fazer cortes no orçamento e investir o necessário. Mas se, ao refletir sobre o "sonho", você se der conta de que os esforços não valeriam a pena, deixe de lado. Sua vida ficará mais leve e você poderá ajustar outros planos de maneira mais coerente. Além disso, pode ser também que sua situação financeira mude ao longo do tempo, e você novamente terá que ajustar os planos e gastos. Portanto, apesar de muitos planos serem de longo prazo, poderão sempre ser mudados de acordo com a realidade atual da sua vida.

Quando dizemos *sim* para algo, dizemos *não* para todas as outras opções. Ao escolher um sonho para o futuro, temos consciência de que poderá ser necessário abdicar de algo no presente. Essa decisão torna-se mais fácil quando temos a real compreensão das trocas que devem ser feitas, caso contrário buscaremos satisfazer o desejo em curto prazo, negligenciando o futuro.

É importante você ter clareza de todos os seus gastos no presente. Como disse o Gato de Cheshire, da obra de Lewis Carrol publicada em 1865, *As Aventuras de Alice no País das Maravilhas*, ao ser questionado por Alice sobre o melhor caminho a seguir: "Se você não sabe aonde quer ir, qualquer caminho serve."

> Quando dizemos **sim** para algo, dizemos **não** para todas as outras opções.

## QUAIS PEÇAS ESCOLHER E O SEU DEVIDO TAMANHO

A vida é feita de escolhas. Ao longo da nossa existência, tomamos milhares, se não milhões, de decisões, desde pequenas, do dia a dia, até as grandes, que mudam nosso destino. Muitas dessas estão rodeadas de mitos, paradigmas, questões culturais, religiosas, sociais e um certo grau de desconhecimento.

Tais decisões mudam completamente o caminho das nossas vidas, por isso, é preciso avaliar com cuidado, reduzindo possíveis inconsistências e falta de conhecimento, e ponderando não apenas a escolha, como também seus impactos (positivos e negativos), o momento ideal e o impacto financeiro.

Considerar o lado financeiro dessas decisões não é ser mesquinho, ganancioso ou racional demais; o dinheiro pode jogar a favor ou contra a sua vida, e uma boa avaliação lhe permite ter mais sonhos realizados, uma vez que todas essas escolhas envolvem dinheiro de alguma maneira — seja um casamento (não apenas a festa de casamento!), o nascimento de um filho, a mudança de emprego ou cidade, a compra de um imóvel, uma faculdade, um curso, entre tantas outras.

Durante muitos anos, as pessoas tinham um caminho quase natural: estudar, trabalhar, casar, comprar uma casa e ter filhos, trabalhar mais, aposentar; só então desfrutar da vida e tentar descansar um pouco. Tudo que fosse fora desse "senso comum" era considerado anormal ou gerava motivos de desconfiança e cobrança. "Fulano ainda não teve filhos; será que tem algum problema?"; "Sicrano não se casou; o que aconteceu?"; e até mesmo o julgamento pela demora ou não na aquisição de uma casa própria: "Será que eles estão sem dinheiro ou sem emprego?"

Todas essas questões e julgamentos (ou receio de possíveis julgamentos) fazem com que, em muitos casos, as pessoas tomem decisões precipitadas ou equivocadas, baseadas apenas no senso comum. São inúmeros os casos de pessoas que se casaram sem ter 100% de confiança nessa decisão, ou tiveram filhos apenas por ser considerado um "caminho natural" e compraram sua casa própria pela sensação de segurança financeira.

Mas felizmente esses cenários têm mudado, e mais pessoas têm tido a liberdade de tomar decisões mais condizentes com suas vontades e desejos, coerentes com o seu tempo, valores e contexto de vida e menor medo do julgamento.

Mais pessoas têm optado por não ter filhos, ou por postergar o plano, assim como casar, fazer curso, ter a casa própria e até mesmo a aposentadoria. A vida pode ter caminhos diversos, e para isso você deve refletir sobre qual caminho pretende percorrer, ponderando os impactos de cada decisão.

Algumas escolhas trazem enormes impactos em nossas vidas, positivos ou negativos. Ocasionam transformações não apenas no aspecto financeiro, mas em todas as demais questões da vida. No entanto, invariavelmente, dedica-se mais tempo e energia a pequenas coisas, que mudam pouco a nossa vida.

Em muitos casos, passamos menos tempo analisando e escolhendo o carro novo que nos acompanhará todos os dias pelos próximos anos do que escolhendo a próxima série para assistir na Netflix.

A compra de um carro pode trazer um impacto de moderado a alto. Caso seja malfeita, gera uma dívida desnecessária; ou, se o carro que não atender às necessidades da família (ou até mesmo à necessidade ou não de ter um carro neste momento), traz consequências para a vida. Por mais que essa escolha possa ser desfeita e você venda o carro, geralmente isso lhe trará algum prejuízo.

Claro que vamos cometer erros, e serão supernormais, mas minimizá-los evitará uma grande dor de cabeça. Portanto, atente-se para cinco grandes decisões que podem mudar a sua vida. Caso elas sejam bem tomadas, você evitará um enorme estresse. Mesmo que você já tenha realizado algumas delas, é sempre bom refletir, ajustar ou repensar suas decisões.

Elas são:

    **1.** Comprar ou alugar um imóvel.

    **2.** Reserva de emergência.

3. Filhos e casamento.

4. Educação e carreira.

5. Aposentadoria.

Para cada decisão de vida, vou lhe apresentar importantes reflexões que pude comprovar ao acompanhar dezenas de famílias na realização do planejamento financeiro pessoal nos últimos dez anos de trabalho.

Para cada decisão, faremos as seguintes perguntas:

### ▬ ▬ ▬ Por que isso é importante?

Aqui vamos entender qual é a real necessidade e motivação para a realização deste objetivo para a sua vida. A motivação deve ser baseada na transformação que um bem pode causar, e não necessariamente na aquisição dele. E esse pensamento faz toda a diferença.

Eu não preciso comprar uma Ferrari para ter o prazer e a sensação de dirigir um supercarro esportivo. Posso realizar esse sonho, por exemplo, alugando um carro por um tempo, seja por algumas horas, um dia ou um mês, por que não?! E fazer isso novamente todas as vezes que tiver vontade.

Mesmo que a compra de um carro e o aluguel sejam muito diferentes, o resultado e a satisfação podem ser semelhantes, além de evitar a frustração de não poder ou não conseguir comprar o carro que mais deseja.

### — — — Qual é o momento ideal?

Ao refletir acerca do passo anterior — ou seja, saber o que é realmente importante para o meu estilo de vida —, agora é necessário determinar o momento ideal.

Para um arquiteto, que dedicou a vida e os estudos ao prazer de decorar, é totalmente compreensível que tenha uma casa própria. Mesmo que não seja a melhor decisão financeira, pode ser uma decisão de vida acertada. E para ele não adianta acumular o dinheiro para realizar a compra daqui a dez ou quinze anos.

Por outro lado, a situação pode ser diferente para um jovem casal recém-casado, com pouco dinheiro acumulado, morando em uma cidade de interior, mas com desejo de alcançar voos mais longos em uma cidade grande ou até mesmo fora do país. Nesse caso, não acho que seja o momento nem o contexto ideal para a compra de um imóvel. Talvez seja melhor esperar e compreender melhor quais os rumos da vida. O que não impede, pelo contrário, de manter o sonho e acumular dinheiro para a compra de um imóvel próprio.

### — — — Como posso realizar este projeto da melhor maneira?

Uma vez definido que é a coisa certa a ser feita, e o momento ideal, é preciso ponderar como fazer isso da melhor forma. Em determinados casos, é melhor resgatar um investimento, em outros fazer um financiamento mais curto ou mais longo, e há casos em que é melhor vender algum ativo. Enfim, existem diversos caminhos e eles vão depender de muitos outros fatores individuais.

Os seus investimentos devem ser direcionados de acordo com os seus objetivos, e não de acordo com o seu perfil de investimentos (conservador, moderado ou arrojado), como determinam os bancos. Essa é uma maneira simplista de oferecer produtos financeiros com menor risco (para o vendedor) de cometer equívocos graves em relação a expectativas dos clientes.

Sendo um investimento de médio a longo prazo, com um montante elevado, é recomendado fazer uma carteira de investimentos mesclada entre ativos mais conservadores, que garantem uma estabilidade para o investimento, e parte em ativos um pouco mais arrojados. Quanto menor o prazo restante para o resgate do investimento, maior deverá ser o peso dos investimentos em ativos conservadores.

Os ativos mais arrojados, tais como fundos multimercado, ações, fundos de ações, fundos imobiliários, entre outros, costumam ter uma oscilação entre momentos positivos e negativos, mas, quando bem escolhidos, tendem a ter bons resultados em médio/longo prazo. Portanto, não aposte em ativos de risco para o curto prazo, pois, quando precisar deles, poderá estar em uma fase de baixa e perder dinheiro. Mas no futuro poderão lhe deixar mais próximo dos seus objetivos.

Já os ativos mais conservadores terão uma oscilação menor e menor risco de perda financeira, mas consequentemente menor rentabilidade esperada.

Para ajudá-lo, veja a tabela a seguir:

| PRAZO RESTANTE | % ATIVOS ARROJADOS E MODERADOS | % ATIVOS CONSERVADORES |
|---|---|---|
| 50 anos | 70% | 30% |
| 40 anos | 70% | 30% |
| 30 anos | 65% | 35% |
| 20 anos | 60% | 40% |
| 15 anos | 60% | 40% |
| 12 anos | 55% | 45% |
| 10 anos | 50% | 50% |
| 8 anos | 40% | 60% |
| 5 anos | 30% | 70% |
| 3 anos | 20% | 80% |
| 2 anos | 10% | 90% |
| 1 ano | 0% | 100% |

Quanto mais próximo de realizar o seu objetivo, maior deverá ser o peso nos ativos mais conservadores para evitar surpresas. Faltando pouco tempo, não é mais momento para arriscar; agora, é manter os recursos, que teoricamente já estão elevados.

### Do que estou disposto a abrir mão para realizar meu objetivo?

É preciso ter consciência de que fazer uma escolha impactará as finanças e potencialmente mudará a sua vida. Por isso é fundamental entender os reflexos dessa decisão antes de tomá-la. Talvez, por algum tempo, será necessário reduzir gastos, renunciar a determinados "luxos" e compreender os reflexos dessa decisão em relação às demais.

Comprar uma casa financiada com prazo de pagamento de trinta anos fará com que você tenha uma despesa que poderia ser gasta com viagens, restaurantes, roupas ou qualquer outra coisa.

Comprar e consumir nos dá uma sensação de felicidade por conta da liberação de dopamina, substância química que proporciona uma sensação de prazer. No entanto, isso gera apenas uma "gratificação instantânea", que tende a diminuir logo após a aquisição.

Obviamente, o sentimento de satisfação ao realizar um grande sonho não vai se acabar em poucos minutos ou dias, mas certamente a euforia vai ser menor com o passar do tempo. Além disso, já que os recursos financeiros podem ter sido comprometidos, a margem para outras compras diminui.

Assim, ao tomar uma decisão, pondere o tempo e sacrifício que lhe causará. Se considerar o saldo positivo, você terá boas chances de não se arrepender. Por outro lado, se você não estiver atento ao fato de que, ao fazer uma escolha, você terá que abdicar de outras, terá um grande risco de se endividar ou sacrificar planos importantes.

 BIG 5

## COMPRAR OU ALUGAR, EIS A QUESTÃO!

O *slogan* do "sonho da casa própria" é amplamente promovido por bancos, governos e construtoras para incentivar o crescimento do mercado imobiliário e consequentemente possibilitar às famílias terem casas próprias. Sem dúvida, é uma atividade fundamental para o crescimento e a sustentação do Brasil, tornando-se um importante ativo. É, ainda, importante para a geração de empregos e recursos.

No entanto, desde a criação do Sistema Financeiro de Habitação (SFH) na década de 1960, o país passa por uma instabilidade econômica e juros altos, tornando o preço do imóvel, ao final do financiamento, o equivalente, em muitos casos, a duas ou três vezes o preço inicial. Por outro lado, a instabilidade financeira torna a casa própria um "porto seguro" em contrapartida com a necessidade de pagamento do aluguel.

Por se tratar de uma decisão que envolve um grande aporte financeiro e, em muitos casos, um compromisso de décadas de pagamento, é importante ponderar: **POR QUE ISSO É IMPORTANTE?** Por que comprar um imóvel? Muitas vezes, essa pergunta vem acompanhada de respostas simplistas sobre a importância de ter uma casa própria. Primeiramente, é preciso quebrar alguns paradigmas: de que você só será feliz e realizado com a aquisição de uma casa própria, terá maior segurança financeira, e que pagar aluguel é um desperdício de dinheiro. Vamos explicar cada um desses paradigmas.

Todos nós podemos ser plenamente felizes em um imóvel alugado. Sem considerar aspectos financeiros, se você é uma pessoa que gosta de liberdade e mobilidade, pode fazer mais sentido morar de aluguel, o que permite experimentar locais, estilos de casa, endereços e tamanhos diferentes.

Por muitos anos, a compra de um imóvel era sinônimo de sucesso profissional, financeiro ou maturidade, mesmo que fosse puramente de

"A grande realização é comprar uma casa."

fachada ou para "mostrar para a sociedade" que você atingiu determinado patamar, pois essa compra pode estar associada a altas parcelas de financiamento.

O sonho da casa própria pode se tornar o pesadelo do dia a dia. Um plano mal planejado e sem considerar diversos fatores e contextos de vida pode trazer mais dores de cabeça do que alegrias. Vejamos um exemplo.

Um casal recém-casado, 26 e 24 anos; ambos trabalham e têm uma pequena reserva financeira acumulada (aproximadamente R$30 mil). Somados, os dois possuem uma renda de R$15 mil brutos (aproximadamente R$11 mil líquidos), mas desejam ter um apartamento. Com a ajuda dos pais, conseguem dar uma entrada de R$120 mil em um imóvel no valor de R$600 mil, gerando uma parcela inicial aproximada de R$4.350. Ou seja, nos primeiros anos juntos, se nenhuma mudança de vida acontecer, cerca de 40% do salário dessa família será direcionado para o imóvel, restando 60% para todas as demais despesas e investimentos.

Tabuleiro da família

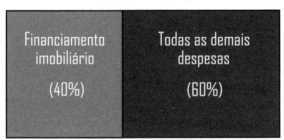

Fonte: Elaborado pelo autor.

Seria simplista determinar um valor máximo para o custo de moradia, pois isso pode depender de outros fatores e do contexto. Um casal de idosos poderia comprometer uma parcela maior das suas receitas e morar em um lugar aconchegante, se lá passarem a maior parte do dia. Mas para um casal jovem, com possibilidades de ter filhos, mudanças de emprego, novos cursos, viagens, experiências, ter um compromisso de despesa tão grande pode limitar bastante a qualidade e o estilo de vida.

> "Segurança financeira. Se me acontecer algo, pelo menos tenho onde morar e não preciso pagar aluguel."

É importante lembrar que o aluguel não é a única despesa de uma casa. Mesmo sendo um imóvel próprio, as despesas de luz, água, telefone, condomínio, limpeza e todas as outras ainda existem. Também, ao comprar um imóvel, você imobilizou quantidade relevante de dinheiro. Esse montante poderia ser investido e gerar mensalmente o valor do aluguel e ainda ter algumas sobras (o valor depende do contexto econômico, preço do imóvel, taxa de juros, entrada, entre outros fatores; mas, na maioria dos casos, o valor obtido do investimento é maior do que o valor do aluguel).

Portanto, caso aconteça algo como a perda de um emprego ou outro imprevisto, é necessário ter dinheiro em caixa, e ter um imóvel pouco ajuda, a não ser para conseguir um empréstimo com o imóvel como garantia (caso já esteja quitado). Nesses casos, o mais importante é ter uma reserva financeira com liquidez e quantidade necessária para passar por um momento de "turbulência".

O dinheiro lhe permite liberdade e facilidade para lidar com problemas inesperados e também pagar o aluguel, se necessário. Mas a falta de dinheiro em um momento de aperto, e tendo apenas a casa própria, pode inclusive levar o imóvel a leilão, caso não consiga mais pagar as parcelas.

## Qual é o momento ideal?

Como dito anteriormente, sem dúvida, o melhor momento é depois de ter alguma reserva de emergência. Esta é a primeira condição para que você não dê um "passo maior do que a perna" e corra o risco de perder o imóvel e/ou ter enorme prejuízo.

O valor de uma reserva de emergência é relativo e varia de acordo com empregabilidade (risco de perda de emprego e recolocação), riscos de saúde e estrutura familiar, assunto que será tratado com maiores detalhes mais adiante. Depois da reserva de emergência, é preciso avaliar o contexto de vida, objetivos e estilo.

É comum casais jovens, pouco depois que se casam, juntarem suas reservas individuais e dar entrada em um imóvel para a família. Mas devido ao pouco tempo de acúmulo de dinheiro e ao momento de carreira, talvez as opções de imóveis sejam poucas. Nesse caso, eles tenderão a comprar um imóvel pequeno, de um ou dois quartos, o que é possível no momento e com um financiamento provavelmente de vinte a trinta anos.

É sempre importante lembrar que a compra do imóvel envolve uma série de outros custos além do próprio imóvel, tais como taxas, impostos, seguros, reformas, móveis etc. Podemos considerar um custo "extra" de 20% a 30% a mais sobre o valor do bem, que muitas vezes as pessoas deixam de considerar.

Mas no momento de vida em que eles se encontram, existe uma enorme probabilidade de mudanças em curto prazo, como a proposta de um emprego em outra cidade, o nascimento de um filho, a mudança do padrão de vida, e em poucos anos esse imóvel pode se tornar inadequado.

Se você ainda tem incertezas em relação ao futuro próximo, talvez não seja o melhor momento para comprar o imóvel, mas isso não o impede de acumular dinheiro para esse projeto. Como o próprio nome diz, o imóvel lhe trará alguma imobilidade e dificuldade para tomar outras decisões, pelo fato de ter "acabado de comprar um imóvel". Pessoas deixam de aproveitar uma oportunidade de emprego pelo peso emocional da compra de uma casa própria em que desembolsaram uma grande quantidade de dinheiro com a aquisição, reforma e decoração.

## Como posso realizar este projeto da melhor maneira?

Normalmente, todas as compras à vista têm vantagens em relação às compras parceladas. Seja por uma melhor negociação de preços e desconto ou pela inexistência de juros.

Mas para compras com valor alto, como é o caso de um imóvel, pode demorar muito tempo para acumular todo o valor necessário e conseguir comprar com algum desconto ou evitar as taxas de juros.

O sonho de comprar uma casa própria não acontece de um dia para o outro. Esse desejo existe há tempos. E para criar um sonho de longo prazo, a melhor forma é planejar bem e criar pequenas recompensas ao longo do tempo.

Por exemplo, suponhamos que o seu sonho é ter um imóvel que custe R$1 milhão e atualmente você não tem nada acumulado para isso. É muito frustrante perceber o quão longe você está desse objetivo. Já vimos também que é importante ter uma reserva de emergência antes da compra de um imóvel. Vamos então fazer duas projeções extremas: a compra à vista e a compra com a menor entrada possível.

1. À vista: investir **R$8.457 por mês**, com uma rentabilidade mensal de 0,6% por **10 anos**, alavancará R$1.480 milhão (valor de R$1 milhão corrigido por 4% de inflação ao ano).

   Valor total desembolsado: R$1.014.840

2. À vista: investir **R$5.580 por mês**, com uma rentabilidade mensal de 0,6% por **15 anos**, alavancará R$1.800 milhão (valor de R$1 milhão corrigido por 4% de inflação ao ano).

   Valor total desembolsado: R$1.004.400

Nas duas opções citadas, vai demorar 10 ou 15 anos para realizar o plano. Ou optar pelo financiamento:

1. A prazo: investir **R$4.994 por mês**, com uma rentabilidade de 0,6% ao mês por 3 anos, para conseguir dar uma entrada de 20% no valor do imóvel e financiar os demais R$900 mil (valor total corrigido pela inflação em 3 anos = R$1.124.864).

   Durante a fase do financiamento, pela tabela SAC, mais utilizada nos financiamentos imobiliários, as parcelas vão reduzindo ao longo do tempo, portanto a parcela inicial é de R$7.380 e vai reduzindo até R$2.520 depois **de 30 anos. Parcela média de R$5.127.**

   Valor total desembolsado: R$1.845.723, sem considerar os reajustes anuais.

Lembrando que essas simulações e contas podem variar de acordo com o contexto e as taxas de juros praticadas, por isso o mais importante é avaliar a lógica do financiamento e da compra à vista, ponderando os prós e contras da decisão financeira. Em um contexto de juros altos, a compra à vista será mais interessante, uma vez que o dinheiro aplicado irá render mais e os juros do financiamento serão mais caros.

Historicamente, o valor do aluguel tem variado entre 0,3% e 0,5% do valor do imóvel. Portanto, se um investimento de baixo risco lhe der uma rentabilidade de 1% ao mês, o seu dinheiro será suficiente para pagar o aluguel e ainda investir o mesmo valor, ou mais, para a compra do imóvel à vista, caso este seja o seu desejo — ou até mesmo, devido à diferença, não comprar um imóvel e utilizar o valor para outros planos de vida.

Nesse mesmo cenário, o valor do financiamento também será mais caro, uma vez que os juros estão mais altos. Em um contexto de juros baixos, em que a rentabilidade de um investimento conservador se mantenha abaixo dos 0,4% ao mês, o financiamento se torna muito mais atrativo.

## Do que estou disposto a abrir mão para realizar meu objetivo?

É prudente comprar um imóvel apenas depois de acumular a sua reserva de emergência, no entanto as duas coisas podem ser construídas em paralelo e não são excludentes. Enquanto acumula dinheiro para a reserva de emergência, comece a investir dinheiro para a sua casa própria, que poderá ser uma entrada ou até mesmo a compra à vista.

Um dos maiores compositores e artistas de todos os tempos, John Lennon, em um trecho de "Beautiful Boy", composta em homenagem ao seu filho Sean, disse a frase: "A vida é o que acontece enquanto você está ocupado fazendo outros planos". Isso nos deixa uma importante lição.

Enquanto planos e sonhos não estão sendo realizados, a vida está acontecendo. Não crie uma ilusão ou expectativa de que a sua vida será melhor ou diferente apenas depois que certos sonhos ou desejos forem realizados. É importante criar e realizar pequenos projetos no curto, médio e longo prazos. Por mais que a sua casa própria não se realize no curto prazo, você deve morar em um lugar onde se sinta bem e que se torne um lar.

A base e a segurança de um planejamento financeiro é a reserva de emergência; depois disso, todos os demais planos podem tomar pesos distintos de acordo com o estilo de vida, a idade, os planos e os sonhos. Muitos desses planos podem ser construídos ao mesmo tempo, mas no jogo da vida é preciso fazer escolhas, e dificilmente você terá sempre recursos para todos os seus desejos ao mesmo tempo.

Uma maneira de criar um plano para a compra da casa própria é criar alguns *checkpoints*: momentos em que vamos reavaliar e ajustar, se necessário, o plano. Dado o exemplo de um imóvel de R$1 milhão, nenhuma decisão poderá ser tomada antes de alcançar 20% como valor de entrada. Obviamente existem inúmeras alternativas, tais como consórcio, empréstimo com amigos e até financiamento da entrada, mas, mesmo seguindo outras alternativas, recomendo fazer um esforço e acumular pelo menos alguma parte desse objetivo.

Sendo assim, o primeiro de alguns *checkpoints* é acumular 20% dos recursos necessários para comprar o apartamento. Quando alcançar esse patamar, avalie a trajetória até aqui: o esforço valeu a pena? O que deixou de fazer para guardar dinheiro com o objetivo de alcançar 20%? Em quanto tempo você demorou para alcançar isso? Vale a pena seguir o plano?

Nesse momento, você tem duas alternativas: dar entrada em um apartamento, ponderando as perguntas anteriores e a matemática apresentada, ou continuar acumulando dinheiro, seja para o próximo *checkpoint*, para ter mais certeza da compra do apartamento e do momento de vida ideal, seja para não comprar mais o apartamento e poder utilizar o dinheiro de outra maneira.

## RESERVA DE EMERGÊNCIA

Quando paramos para refletir sobre a falta de dinheiro, passamos a buscar um culpado e podemos encontrar diversos vilões: a inflação, o preço dos itens de supermercado, a alta da gasolina, o aumento do preço do dólar, o reajuste da escola das crianças, o elevado preço dos materiais escolares, dos hotéis ou até mesmo o reajuste do plano de saúde. Além de todas essas questões, que minimamente podemos prever, existem muitas outras que não esperamos, como a perda de emprego, doenças ou ter que ajudar pessoas próximas.

São muitos os desafios e eventos que podem acontecer em nossas vidas, no entanto precisamos entender em quais destes podemos atuar e/ou minimizar os danos. Dificilmente vamos mudar o contexto da inflação ou interferir no preço da gasolina para que se adaptem ao nosso "bolso". Não podemos mudar os reajustes do preço da escola, mas pode-se negociar alguma condição diferenciada ou até mesmo mudar os filhos da escola. Podemos até prever a perda de emprego e interferir nela de alguma maneira, mas a decisão final não depende de nós. Dificilmente conseguimos prever o aparecimento de uma doença, embora possamos nos prevenir com uma alimentação balanceada, acompanhamento médico e exercícios físicos, mas isso não é garantido.

Em todos os casos, podemos criar algum tipo de alternativa. Se a gasolina está cara, podemos usar mais o transporte público ou caminhar mais. E em todos os demais casos existem alternativas e prevenções, mas nem sempre será suficiente ou será a melhor alternativa, e para isso é fundamental ter uma **reserva de emergência**.

A reserva de emergência funciona não apenas para eventos negativos que possam acontecer, como também para alguma oportunidade. Por exemplo: ao perceber que o preço da escola aumentou, poderia ser negociado um pagamento à vista referente ao ano todo e conseguir um bom desconto. Ou uma oportunidade de um bom investimento que exija um valor inicial mínimo.

O objetivo da reserva de emergência é suprir necessidades de curtíssimo prazo, chegando à melhor alternativa possível. Mas é importante ressaltar que, uma vez utilizada, ela deverá ser reposta. Portanto, se você utilizou a reserva de emergência para pagar a escola, use agora o valor das parcelas mensais que seriam referentes à mensalidade para repor a reserva de emergência.

## Por que isso é importante?

Este é o primeiro objetivo de qualquer planejamento financeiro. Seguindo a lógica da teoria de Maslow, citada anteriormente, a reserva de emergência se enquadraria como uma das necessidades de segurança, sendo o segundo degrau da pirâmide.

O primeiro degrau são as necessidades fisiológicas, tais como fome, sede, sono e abrigo, que podemos comparar com a simples necessidade de dinheiro para nos fornecer o devido abrigo, acesso a alimentos e uma boa noite de sono.

O segundo passo da pirâmide de Maslow seria a necessidade de segurança, na qual se enquadraria a reserva de emergência: a mínima segurança de ter recursos necessários para uma eventualidade.

A mensuração do tamanho da reserva de emergência é estabelecida a partir de aspectos que podem gerar uma segurança de curtíssimo prazo em casos negativos. No entanto, não se restringe apenas a esse uso: ela pode ser usada em oportunidades, porém de maneira limitada, como veremos adiante.

## Qual é o momento ideal?

Agora!

Ao longo da vida, vamos nos deparar com diversas situações, sendo adversidades e oportunidades, e precisamos estar minimamente preparados. Este deveria ser o primeiro destino do nosso dinheiro, e a partir daí podemos comprar, planejar e organizar todas as outras coisas.

Uma pesquisa da ANBIMA (Associação Nacional dos Bancos), em 2019, relatou que 50% dos brasileiros não possuem nenhum tipo de investimento e dificilmente uma reserva de emergência.

Muitas pessoas antecipam e priorizam a compra da casa própria, utilizando todos os recursos que possuem (e não possuem), mas correm um risco muito alto de perder um emprego, têm alguma necessidade não planejada, uma doença e tantas outras intempéries que podem surgir e colocar em risco não apenas a aquisição da casa própria, que pode ser levada a leilão por falta de pagamento, como também o risco de não conseguir suprimir o problema devido à falta de recursos.

## Como posso realizar este projeto da melhor maneira?

A reserva de emergência deve ser um recurso com alta liquidez, ou seja, um dinheiro que você possa acessar de maneira rápida sem perda de valor. Uma herança que não está disponível, um carro antigo ou uma aplicação com prazo e sem carência não podem ser considerados recursos para a reserva de emergência.

Isso não quer dizer que 100% do seu dinheiro precisa estar em um único investimento de liquidez imediata, como a poupança.

Mas antes de se aprofundar no que investir, é necessário definir qual o montante e, para isso, é preciso levar em consideração três fatores:

- O valor das suas despesas mensais.
- O risco de perda de renda.
- Agravantes de risco.

Tenha clareza sobre as suas despesas mensais. O mais importante da reserva de emergência é você conseguir manter a estrutura da sua vida durante alguns meses, mesmo que tenha algum infortúnio, tendo, assim, um tempo para se restabelecer. Este tempo é atenuado e ajustado pelos pontos 2 e 3.

Se você tem um emprego extremamente estável, como um funcionário público concursado, certamente a necessidade de uma reserva de emergência pode ser menor do que a de um empreendedor ou um funcionário de uma empresa que esteja em dificuldade. Muitos dos desafios que temos na vida podem ser resolvidos financeiramente com ajustes no fluxo de caixa, uma vez que existem receitas. Mas se perder totalmente a renda, necessariamente terá que acessar as reservas financeiras.

## Primeira regra da reserva de emergência

- Tenho emprego extremamente sólido e mínima chance de demissão = 1 mês de despesas mensais como reserva de emergência.

- Tenho um emprego estável, mas trabalho em um mercado competitivo e eventualmente posso perder o emprego ou mudar de posição = 2 meses de despesas mensais como reserva de emergência.

- Tenho um emprego em que não estou muito seguro, ou penso em empreender, ou preciso me capacitar melhor = 3 meses de despesas mensais como reserva de emergência.

Os agravantes de risco são os demais contextos que podem interferir na sua necessidade de reserva de emergência, por exemplo: "Tenho pais ou parentes que precisam da minha ajuda mensal; neste caso, a minha reserva deve conter o valor dessa ajuda." Ou: "Tenho um plano de empreender ou tirar um descanso sabático e ficar alguns meses sem trabalhar. Ou tenho um problema de saúde que pode afetar a minha qualidade de vida nos próximos anos."

Nesses casos, não existe uma regra para fixar o valor exato de reserva que você deve adicionar àquela já descrita anteriormente; vai depender da sua sensibilidade ao risco envolvido.

# APOSENTADORIA

A aposentadoria foi criada no final do século XIX, na Alemanha. O governo do chanceler Otto von Bismarck estabeleceu em 1889 um sistema nacional que assegurava o pagamento de uma pensão a todos os trabalhadores do comércio, indústria e agricultura que tivessem 70 anos ou mais. A ideia foi logo adotada na Áustria e na Hungria e, a partir de 1920, espalhou-se por outros países da Europa. Ao criar esse benefício, que atendia a reivindicações trabalhistas, Bismarck pretendia conter o crescimento das ideias socialistas, que se espalhavam pelo continente.

No Brasil, a primeira lei que cuidou da aposentadoria é de 1923 e só se destinava a proteger os ferroviários. Depois, outras leis foram sendo editadas para beneficiar as demais categorias.

Durante muito tempo, o dinheiro oriundo dos recursos da aposentadoria era suficiente para manter um padrão de vida razoável para grande parte da população, que não teve que se preocupar em obter outros recursos complementares. Esse cenário mudou nas últimas décadas e tem se acentuado nos últimos anos. O problema afeta diretamente milhões de pessoas no Brasil, que, em muitos casos, precisam recorrer à ajuda de parentes e amigos para garantir um sustento básico.

Segundo dados do IBGE, em 1900, a expectativa de vida era de 33,7 anos, dando um salto significativo em pouco mais de 11 décadas, atingindo 75,4 anos em 2014. E a taxa de fecundidade do país caiu de 6,16 filhos por mulher para apenas 1,57 filhos em pouco mais de sete décadas — de 1940 a 2014. Ou seja, há uma tendência a ter muito mais idosos do que trabalhadores jovens na ativa para produzir e "alimentar" a previdência social.

É impossível o governo manter o padrão de vida de todos os trabalhadores da ativa quando se aposentarem. Dado o aumento da expectativa de vida e da idade de aposentadoria, é impossível ter uma reserva suficiente para beneficiar milhões de pessoas por décadas de maneira totalmente justa e igualitária. Por isso, o governo tenderá a beneficiar o maior número possível de pessoas e as mais necessitadas, que são as camadas mais pobres da população.

Assim, um número cada vez maior de pessoas que possui renda acima do teto do INSS tem buscado novas alternativas paralelas para obter uma remuneração que possa atender às suas necessidades na aposentadoria. No entanto, da mesma maneira que os números que permeiam a aposentadoria mudaram drasticamente, outros fatores, como a sociedade, a cultura e diversos padrões, também sofreram transformações, o que traz novos desafios para a construção da aposentadoria.

Há décadas, muitos daqueles que chegavam aos 60 anos se encontravam em condições debilitadas de saúde e baixa capacidade de trabalho. Hoje, nessa idade, muitas pessoas ainda estão totalmente ativas e capacitadas para trabalhar por muitos anos.

Devido às limitações tecnológicas e globalizadas, antigamente os aposentados reduziam os custos e mantinham uma vida mais "caseira". Isso mudou muito; nos últimos anos, há inclusive um grande mercado destinado aos idosos que exercem vários tipos de atividades de lazer, viagens, experiências e até mesmo novos trabalhos, empregos e negócios.

Essas mudanças culturais e contextuais transformaram a vida das pessoas acima de 60 anos de idade e vêm levantando perguntas e problemas importantes.

## Por que isso é importante?

Primeiro, um breve alinhamento: quero chamar a aposentadoria de "não precisar mais do dinheiro do trabalho", o que não necessariamente quer dizer "parar de trabalhar". Podemos pensar na aposentadoria como uma "independência financeira". Muitas pessoas podem se aposentar e continuar trabalhando, mas sem a pressão e a necessidade de depender desse dinheiro para obter uma boa qualidade de vida.

Alcançar a aposentadoria significa obter uma tranquilidade maior a partir dos seus recursos financeiros, sendo suficientes para manter o padrão de vida até o último dia. Isso já diz o tamanho e a importância desse plano.

Certamente, as decisões que envolvem a aposentadoria são as mais importantes, complexas e longas da vida. Mas, por se tratar de uma decisão na qual o benefício direto será percebido apenas depois de algumas décadas — e, portanto, ao longo desse tempo, você terá que abrir mão de muitas atividades, desejos e projetos no presente —, isso a torna ainda mais importante e difícil.

Assim como aconteceram diversas mudanças no mundo nas últimas décadas, certamente virão muitas outras ao longo das próximas. Por isso não podemos cravar nenhuma verdade absoluta, o que torna ainda mais relevante uma estratégia coerente de longo prazo, alinhada aos seus objetivos e que possa ser ajustada ao longo da vida.

Assim como em um voo longo, existe um plano muito claro de rota. Se não tiver nenhuma intempérie no caminho, tudo seguirá conforme o plano, mas, caso seja necessário, muitos ajustes poderão ser realizados, inclusive pausas e ajustes de rota. E ainda, por conveniência, pode-se mudar o destino final.

Mas o importante é que no final você chegue ao destino almejado, de maneira segura, completa e, sobretudo, feliz.

## Qual é o momento ideal?

Muitas vezes, atrelamos a necessidade de aposentadoria com a referência à idade do INSS, mas isso não deve acontecer.

Obter uma aposentadoria complementar, ou seja, recursos financeiros próprios suficientes para resgatar mensalmente e manter determinado padrão de vida, pode demandar tempo e dinheiro. Portanto, quanto mais jovem você desejar se aposentar, maior será o investimento mensal ao longo dos anos. Quanto maior o tempo de acúmulo de capital para a aposentadoria, a necessidade de investimento mensal poderá diminuir consideravelmente devido aos juros compostos.

Ao criar uma expectativa curta de aposentadoria, o montante suficiente para manter o padrão de vida almejado pode ser insustentável ou então haverá necessidade de abdicar de muitos sonhos ao longo desse período. Neste caso, por considerar um montante muito elevado, a grande maioria das pessoas posterga os investimentos para a aposentadoria, o que torna o plano cada vez mais difícil, ansiando por alguma outra solução que dificilmente acontecerá.

Por outro lado, se você considerar uma carreira mais longeva, tendo assim um prazo maior para acumular dinheiro, isso lhe permitirá economizar menos e ter uma vida com mais gastos no presente. Neste caso, você trabalharia por mais anos.

Pode existir um caminho do meio, no qual você planeja trabalhar parcialmente ou ter outra carreira aos 60 anos, que lhe demande menos tempo (até mesmo menos renda), mas que lhe permita trabalhar menos, mantendo-se ocupado e produtivo utilizando menos de suas reservas financeiras até os 80 anos, para então se aposentar.

Não existe certo ou errado, mais cedo ou mais tarde. O fundamental é você determinar que tipo de aposentadoria faz mais sentido para você, alinhar uma real expectativa de aposentadoria e recursos e principalmente começar a investir o quanto antes.

## Quanto dinheiro é necessário para me aposentar?

Esta é uma pergunta complexa, pois envolve um aspecto que foge do nosso controle, que é a inflação e os juros nos próximos anos. Portanto, podemos nos basear em um histórico recente para projetarmos o futuro de maneira conservadora.

Ao considerarmos um resgate mensal na aposentadoria para que esse dinheiro não tenha possibilidades de se esgotar antes do falecimento, considero razoável um resgate de 0,4% mensal do patrimônio financeiro acumulado, para que os efeitos da inflação tenham peso pequeno, insignificante ou até mesmo negativo, dependendo do contexto.

Com uma taxa média de investimentos de 0,7% (renda fixa), uma inflação média de 4%, para alcançar uma renda de R$20 mil mensais, podemos desenhar alguns cenários:

- Aposentadoria aos 50 anos, começando a investir aos 30. Seria necessário investir **R$17.570 mensais**. Ou seja, se a renda for de R$20.000 e você deseja manter o mesmo padrão de vida (sem considerar o INSS), é praticamente impossível.
- Aposentadoria aos 50 anos, mas começando a investir aos 20. Seria necessário investir **R$9.960 mensais**. Ainda assim, seria bem difícil, no entanto poderia até ser possível.

- Aposentadoria aos 80, anos começando a investir aos 30. Seria necessário investir **R$3.815 mensais**. Lembrando que todas essas contas consideram o peso da inflação ao longo do tempo.

Portanto, esta é uma decisão que pode ter uma diferença de R$13.755 mensais ao longo de trinta anos. A decisão também envolve trabalhar trinta anos a mais e/ou ponderar momentos e estágios de carreira que lhe permitam reduzir o ritmo de trabalho ao longo do tempo. É necessário também avaliar a real necessidade de ter os R$20 mil mensais.

## Do que estou disposto a abrir mão para realizar meu objetivo?

Faça um exercício futurístico. Você está no momento de se aposentar. O que você gostaria de ter agora (ou o que está lhe faltando)? O que você poderia ter feito para chegar a este momento com mais tranquilidade? Esse é um exercício bom para você fazer toda vez que não souber se algum investimento ou compra deve ou não ser feita naquele "momento". Se é algo impulsivo ou se é algo de que realmente precisa e deseja. O seu "eu" do futuro vai cobrá-lo (ou lhe agradecer) pelas escolhas do seu "eu" do presente.

## CASAMENTO E FILHOS

Felizmente, não é possível precificar a importância de um amor, dos relacionamentos e dos filhos. Cada um dá um valor diferente para a vida em família e a educação dos filhos. O fato é que hoje as famílias têm cada vez menos filhos — ou mesmo optam por não ter — e, em geral, eles são planejados. O mesmo acontece com os compromissos e relacionamentos amorosos: a decisão por dividir a vida com alguém tem sido mais racional, ainda que a emoção bata o martelo. Em todo caso, é importante conversar sobre regime de bens, divisão de gastos, planos, metas e estilo de vida, já que dividir a vida com outras pessoas implica mudanças de decisão, renúncias e gastos imprevistos.

Vivemos em um mundo cada vez mais complexo e dividir a vida com alguém não é fácil. Embora seja prazeroso e enriquecedor, é preciso saber aceitar e até amar os erros, defeitos, virtudes e qualidades do seu cônjuge.

Mas nem tudo são flores. Segundo o IBGE, um em cada três casamentos terminam em divórcio, refletindo dados de 1984 a 2016, e esse número tem aumentado consideravelmente nos últimos anos. Apesar dos votos de "felizes para sempre", ninguém racionalmente planeja se divorciar. No entanto, muitas vezes, a falta de diálogo e alinhamento, especialmente relacionados a questões financeiras, levam a brigas entre o casal, que, com o tempo, podem desgastar e até terminar uma relação.

Da mesma forma, o cenário com relação à quantidade de filhos ou até mesmo sobre ter ou não filhos vem mudando nas últimas décadas. Segundo a ONU, a taxa de fecundidade em 2020 é de 1,56 filho por mulher. De acordo com o relatório da ONU, mulheres com mais anos de estudo e com uma progressão maior na carreira profissional têm cada vez menos filhos. E mulheres com menos escolaridade, rendimentos e oportunidades acabam tendo filhos quando são jovens e, na maioria, nascidos de gravidezes não planejadas.

Em 1960, a taxa de fecundidade brasileira era de 6,28 filhos por mulher; em 1980, esse número caiu para 4,35; e, nos anos 2000, a taxa registrada foi de 2,39.

A queda da fecundidade está relacionada à urbanização — no meio rural, as famílias têm mais filhos na média, com o intuito de contribuir com o trabalho no campo —, aos avanços da educação sexual e ao planejamento familiar — ter um filho impacta o estilo de vida e o planejamento familiar, dado o elevado custo de escolas, creches, hospitais, transporte, moradia e todas as questões necessárias para um bom desenvolvimento de uma criança.

## Por que isso é importante?

Crescemos em uma cultura em que raramente se conversa sobre dinheiro em casa, seja com os filhos ou até mesmo com o cônjuge. Faça uma breve reflexão: Quantas pessoas sabem o seu salário? Seus filhos sabem o quanto você ganha e os custos de casa? Provavelmente, poucas pessoas sabem sobre seu dinheiro, o que não quer dizer que isso deva ser conversado abertamente com qualquer pessoa, mas também não precisa ser um tabu.

Quanto mais diálogo sobre o dinheiro, planos da família, receitas, despesas, desafios e opiniões e até mesmo divergências quanto ao melhor uso dos recursos da família, mais alinhado e mais fácil é fazer esse gerenciamento e evitar grandes divergências.

O amor não basta: é fundamental conversar sobre o estilo de vida do casal, a convivência, ambições, projetos, planos de vida. Muitas pessoas acabam se "descobrindo" após o casamento, reconhecendo os próprios desejos, sonhos, e percebem que vão contra os planos e projetos do casal.

Por isso, é fundamental você conhecer o seu próprio "jogo da vida", entender ao menos o que te faz feliz, qual o estilo de vida, o que gosta de fazer e, da mesma forma, entender isso com relação ao cônjuge e a compatibilidade de ambos. Ao longo da vida, poderão existir mudanças (e elas existirão), mas a essência permanecerá.

A decisão quanto a casamento e filhos influencia completamente a sua vida, seus caminhos e suas escolhas. A partir daí, suas decisões passam a ser compartilhadas: em qual imóvel irão morar, qual carro terão, quais as viagens da família, atividades, *hobbies*, e até mesmo questões relativas a trabalho e à aposentadoria.

Se um dos dois gasta muito e o outro gosta é de poupar, é preciso alinhar as expectativas e fazer planos comuns. Como os ganhos mensais serão gerenciados? Cada um cuida do seu? E os gastos, quem paga o quê? Vocês terão uma conta conjunta? O que farão em caso de emergências, doenças, licenças de trabalho, invalidez ou mesmo morte? Não se pode desconsiderar também mudanças de rumo, separação e divórcio, o que implica autonomia financeira de ambas as partes.

Sobre a criação e educação dos filhos, os gastos começam já na gravidez, com exames pré-natais, parto, hospital. Precisarão de uma casa maior, de berço, roupas, brinquedos? E como será o período de licença do trabalho para os cuidados com o bebê? Quem se afasta do trabalho e por quanto tempo? Como cada um vai contribuir com a nova rotina, tanto em termos de cuidado quanto financeiramente? Estão dispostos a modificar o ritmo e a quantidade de trabalho em prol da educação dos filhos? Contratarão babá, precisarão de ajuda extra com os cuidados da casa? Considerem os valores de escola, curso de línguas, terapias, esportes, tempo livre. Todas essas decisões influenciam diretamente os aspectos emocionais e as habilidades que o futuro espera

> Não se pode desconsiderar também mudanças de rumo, separação e divórcio, o que implica autonomia financeira de ambas as partes.

das crianças de hoje. A forma de criação dos filhos é decisiva para a autonomia emocional e financeira deles.

É necessário ainda ponderar muitas outras questões, que você não teria se vivesse sozinho. Por outro lado, a caminhada a dois tem outro sabor.

## Qual é o momento ideal?

O momento ideal para o casamento leva em consideração aspectos emocionais e o momento do casal. Não dá para racionalizar demais. Porém, uma vez tomada a decisão, é hora de conversar sobre os planos de vida e finanças pessoais. O amor sempre deve vir antes do dinheiro; a decisão do casamento não deve ser uma questão financeira, mas inevitavelmente o casal deverá lidar com as finanças.

Não existe uma regra ideal sobre ter ou não contas em conjunto e como dividir as despesas da casa. O mais importante é não negligenciar e, sim, simplificar a conversa sobre dinheiro em casa. Cada um tem uma história, e a relação com o dinheiro provavelmente é proveniente da maneira como aprenderam em casa e, agora, vão criar juntos uma nova forma de lidar com as decisões de vida e financeira.

Não pode ser tabu ou motivo de desconfiança saber o salário do cônjuge ou seus desejos de consumo, pois isso fará parte da vida de agora em diante. Quanto mais claros os desejos individuais, as ambições de vida e os projetos de família, maior a probabilidade de uma relação mais harmoniosa.

A decisão de ter filhos é complexa. É a maior e mais responsável decisão da vida. É necessário ter maturidade e compreender que isso vai mudar completamente a sua vida para sempre — seja pelo amor incondicional a um filho, seja por uma mudança completa de vida, rotina e responsabilidade.

O amor deve prevalecer e anteceder o dinheiro, mas não podemos esquecer o fato de que, principalmente no Brasil, há uma carência em educação pública, segurança, saúde, transporte, custos extras que devem ser levados em consideração.

É preciso, portanto, planejar a vinda de uma criança com antecedência. Fazer planos, considerar as mudanças na carreira e no relacionamento do casal, pensar nas prioridades de educação, na cultura e no emocional, tanto do filho quanto da própria família. É o momento certo, pessoal e profissional, para ter uma criança?

Se você tem dúvidas, comece a participar da rotina de algum casal que tenha filhos e imagine o seu futuro. Você seria capaz de se adaptar a uma rotina parecida?

## Como posso realizar este projeto da melhor maneira?

A decisão de casamento vem acompanhada da primeira decisão financeira em casal: a festa de casamento. Para muitas pessoas é a realização de um sonho e deve ser acompanhada de uma festa.

Por mais que seja uma decisão emocional, entrelaçada em questões culturais e sociais, é importante estabelecer um "teto de gastos" para a cerimônia. Assim como os outros sonhos dos quais já falamos, como a compra de um carro, a aposentadoria ou uma reserva de emergência, é preciso entender o tamanho e a importância desse sonho na sua vida. Evite se endividar para realizar uma festa de casamento.

Com a euforia de uma "vida nova", agora compartilhando o matrimônio com outra pessoa, não se esqueça de dar um passo de cada vez. É nesse momento que grande parte das pessoas comete os maiores erros financeiros, ao realizar grandes projetos ao mesmo tempo.

Por uma questão cultural e social, entende-se que, ao se casar, é necessário comprar uma casa nova e, em poucos anos, também, para parecer um casal "normal", ter filhos. No entanto, são decisões que envolvem não apenas um planejamento de vida, mas despesas altas.

Em curto prazo, ao comprar um imóvel (com todos os gastos envolvidos, como reforma, compra de móveis e decoração), fazer a festa de casamento, ter uma lua de mel e logo já ter filhos, pode ocorrer de as contas não fecharem e a nova família se endividar. Portanto, um passo de cada vez!

Ao se casar, você não precisa necessariamente comprar um imóvel. Precisa, sim, ter um lar para construir a relação familiar. Portanto, certifique-se inicialmente de que já foram pagos todos os gastos com o casamento e que tenham uma reserva de emergência para eventualidades. Assim, planejar os próximos passos fica mais viável.

## Do que estou disposto a abrir mão para alcançar meu objetivo?

Escolher se casar e ter filhos implica uma série de renúncias, seja de disponibilidade de tempo para compartilhar com esposa/marido e filhos, seja de recursos financeiros.

Além disso, compartilhar a vida com outras pessoas impacta diretamente diversas escolhas individuais, tais como mudanças de cidades, imóvel, emprego, viagens. Ter filhos exige tempo, anulações, privações e rotina — sem falar nas noites mal dormidas. Está cada vez mais comum e compreensível a escolha de alguns casais de não terem filhos.

## EMPREGO E CARREIRA

O trabalho é uma troca do tempo e *know-how* por dinheiro, ou seja, ofereço meu conhecimento, capacidade técnica e habilidade em troca de dinheiro. Quanto mais especializadas, raras ou impactantes as aptidões, maior será o valor (preço) do trabalho. No entanto, não podemos classificar um bom trabalho ou carreira apenas pela remuneração e pelos benefícios (planos de saúde, vale-alimentação, transporte e outros). Cada vez mais pessoas preferem receber um salário menor em detrimento de um melhor ambiente, condições e propósito de vida.

Passamos também por quatro revoluções industriais que mudaram completamente a relação do ser humano com o trabalho e o dinheiro.

A Primeira Revolução Industrial aconteceu no século XVIII (1760–1840) e foi caracterizada pelo início da produção agrícola em alta escala e pela invenção da máquina a vapor na fabricação de fios e tecidos. Essa revolução ocasionou uma mudança significativa na sociedade, substituindo o trabalho artesanal pelo assalariado. Isso fez com que aumentasse o número de profissões, unidades de trabalho, fábricas, mercadorias produzidas, transporte, ferrovias.

A Segunda Revolução Industrial ocorreu entre meados do século XIV e início do século XX e foi marcada pelo avanço tecnológico, pelo aumento das pesquisas e pelo desenvolvimento das indústrias químicas, do petróleo, da energia, do aço e da comunicação. Naquele momento, surgiriam também o telefone, o avião, os navios feitos de aço, a refrigeração e a televisão. Um primeiro *boom* tecnológico.

A Terceira Revolução Industrial aconteceu após a Segunda Guerra Mundial, com importantes avanços científicos e tecnológicos, mais especificamente o uso em larga escala de computadores e a invenção da internet, transformando toda a economia mundial.

Ainda estamos vivendo a Quarta Revolução Industrial, com o uso intensivo da tecnologia, da internet e da inteligência artificial, ocasionando o surgimento de novos trabalhos e novas fontes de renda, e o desaparecimento de profissões tradicionais e, até então, essenciais.

Com o crescimento exponencial do *home office* e maior liberdade do trabalho autônomo, abriram-se novas possibilidades, além da barreira geográfica — uma mudança até então sem precedentes.

## Por que isso é importante?

Trabalhar é uma condição primordial, não somente pela questão financeira, mas também como forma de dignificação e propósito de vida. O trabalho está relacionado à realização pessoal, uma forma de se sentir útil e encontrar sentido, pois se relaciona à nossa capacidade inventiva, motivadora e criadora. Por outro lado, o fato de não trabalhar — ou de ter um trabalho ruim do ponto de vista financeiro ou pessoal — pode ter consequências negativas, já que o lugar central que o trabalho ocupa em nossas vidas faz com que a inatividade afete diretamente a dignidade e a forma como o indivíduo se vê, ou é visto, na comunidade em que está inserido. Ter um ofício é importante na vida do ser humano e, ao longo da história, cada indivíduo tem desempenhado um papel e uma função, que, apesar de terem variado bastante, não são diferentes nos dias de hoje. Por meio do trabalho, da ação, da criatividade, as pessoas podem imprimir e deixar sua marca e o registro de sua passagem.

Tão fundamental quanto desempenhar um ofício é a relação sentimental com ele. O ideal é que quem realiza um trabalho esteja contente com o que faz — e isso influenciará diretamente o empenho, o desempenho e a produção, além de se ter menor propensão à depressão, patologia muito comum nos dias atuais. O sofrimento em razão do trabalho está relacionado a diversos fatores: não gostar do trabalho, não ter tempo para se dedicar à família e aos *hobbies*, não ver um propósito, conflitos no grupo de trabalho ou com as lideranças, ausência de espaço para discussão, entre outros.

Se considerarmos um trabalhador médio que se dedica 8 horas por dia, 5 dias por semana (média de 252 dias úteis por ano, contando feriados nacionais), por pelo menos 35 anos de atividade, é mais do que necessário, se for possível, buscar pela paixão e por uma certa qualidade ao realizar essa atividade. Por isso, ter um propósito, estar num ambiente propício e amigável, ter pessoas interessantes ao redor e planos de futuro talvez sejam mais importantes do que somente o ganho financeiro.

Ter a sensação de bem-estar no trabalho está relacionado a ter um trabalho estimulante, criativo e desafiador, possibilidade de crescimento, de aprendizado e desenvolvimento pessoal, estar bem relacionado com a liderança, ter bom clima organizacional, remuneração, propósito, dedicação e benefícios justos, entre outros.

Durante mais de cinquenta anos, pesquisadores têm estudado os fatores que satisfazem, motivam e envolvem os colaboradores. Abraham Maslow verificou que, quando essas necessidades básicas são satisfeitas, os colaboradores passavam a dar maior atenção às necessidades sociais, à autorrealização com o trabalho. Frederick Herzberg observou o que chamou de *fatores de higiene*: ambiente de trabalho, salário, benefícios que, quando inadequados, comprometem o ambiente de trabalho. Além disso, alguns pesquisadores apontam que, quando os colaboradores não são desafiados e motivados no trabalho — e se não estão progredindo —, não terão ali uma sensação de bem-estar, o que pode ocasionar uma saída precoce.

## Qual é o momento ideal?

A decisão de mudar de trabalho é sempre uma situação/decisão complexa, que se caracteriza por ter um número grande de variáveis com praticamente conexões infinitas entre elas. O termo vem da palavra *complexus*, que significa "o que está tecido/emaranhado junto". Diante de uma situação/resolução simples, você tem poucas variáveis e conexões, conhece a maioria delas e consegue ter controle sobre as implicações e escolhas. Além disso, quanto mais você pratica e repete, acaba observando melhores resultados. Por exemplo, preparar um bolo é uma situação simples e, à medida que você realiza essa tarefa, vai se aperfeiçoando e o resultado é melhor.

Diante de uma situação mais complicada, com variáveis e conexões simultâneas, ainda assim você é capaz de controlá-las e de prever um certo comportamento. Por exemplo, pilotar um avião é uma situação complicada, porém, com anos de treinamento, você acaba conseguindo controlar melhor o avião. No entanto, situações complexas são de outra natureza, já que as variáveis são praticamente infinitas e suas conexões crescem exponencialmente. Não é possível conhecer nem controlar todas as variáveis e conexões. Muitas vezes, são situações inéditas, por mais que sejam próximas e comuns, como: casamento, educar filhos, liderar pessoas, transformações organizacionais, cultura organizacional, trabalho.

Já que a mudança de trabalho está no campo das escolhas e decisões complexas, muita coisa está relacionada/conectada ao tomar essa decisão. Por isso é muito comum que você se veja confuso, com medo e cheio de dúvidas. Será que vou me adaptar? Será que vai valer a pena? Quais os prós e os contras? Será que vou gostar do ambiente de trabalho? Será que é a hora certa de começar tudo de novo? Como será o mundo? Uma nova epidemia virá e acabará com o meu "novo" trabalho? Enfim, muitas variáveis e pouco controle sobre elas.

Porém algumas dicas podem ser cruciais para considerar o momento ideal de mudar de trabalho: (1) é fundamental conhecer as suas reais motivações; (2) estar muito atento ao cenário econômico mundial; (3) considerar a estabilidade da empresa em que está trabalhando ou para onde pretende se mudar — e também a estabilidade do mundo, caso pense em empreender; (4) investigar a cultura organizacional da nova empresa ou do trabalho ao qual pretende se dedicar; (5) analisar o salário, os benefícios e o bem-estar dos colaboradores.

Além disso, se você deseja mudar completamente de trabalho — empreender ou se dedicar aos estudos para um concurso público, por exemplo —, é importante ter uma reserva financeira que lhe permita uma liberdade maior ao fazer essa nova escolha. Se você não acumular dinheiro suficiente para se aposentar — ou para as suas despesas atuais —, provavelmente terá que trabalhar com foco na remuneração por muito mais tempo e isso pode comprometer substancialmente a sua qualidade de vida e o bem-estar no trabalho.

## Como realizar este projeto da melhor maneira?

Antes de mudar de empresa, ou até mesmo se preparar para empreender, é necessário fazer um planejamento. Algumas pequenas mudanças, como a troca de um trabalho ou cargo numa mesma empresa, ocasionam pequenas transformações na sua rotina. No entanto, algumas outras podem ser enormes, como mudar de cidade, de país, de trabalho, de empresa e até mesmo de profissão.

Não é mais tão raro profissionais liberais, como dentistas, advogados e engenheiros, trocarem de profissão, fazendo outro curso superior e até mesmo empreendendo em outras áreas. Nesses casos, o planejamento deve ser ainda maior.

A mudança de trabalho impacta diretamente em dois aspectos: o salário (receita) e a rotina de trabalho.

O salário pode estar relacionado a um desejo de aumentar a receita, ter maior segurança, como é o caso de pessoas que fazem concurso público, ou ter mais liberdade como empreendedor.

Se você planeja empreender, precisará de uma boa reserva financeira que lhe permitirá permanecer durante algum tempo sem remuneração. Segundo uma pesquisa do SEBRAE, cerca de 50% das microempresas não permanecem abertas depois de dois anos da abertura, e o principal motivo é a falta de capital de giro, ou seja, dinheiro para manter todas as despesas pagas.

O empreendedorismo é cercado de mitos, como o de maior liberdade, mais escolhas e grandes sucessos, mas a realidade é complexa e desafiadora. Por melhor que seja o seu plano de negócios, quando se inicia, os desafios e as incertezas são enormes e imprevisíveis. Portanto, prepare-se para ficar pelo menos um ano sem nenhum salário e, se conseguir acumular recursos para ficar até dois anos sem salário, mantendo o seu padrão de vida, melhor ainda.

Um erro recorrente de novos empreendedores é, tão logo a empresa começa a dar lucro, fazer uma retirada do pró-labore e de dividendos. Lembre-se de que sua empresa é a "galinha de ovos de ouro": ela lhe fornecerá sustento, portanto nunca a deixe sem "comida", principalmente na fase de crescimento. Comece a retirar lucros ou pagar salário a si mesmo após certa estabilidade do negócio, quando a empresa possuir caixa suficiente para suportar a sazonalidade ou alguma crise de mercado.

Além de não receber salário, ainda há a possibilidade de novos aportes financeiros, e você deve estar preparado para isso tanto emocional como financeiramente. Existe a possibilidade de não utilizar recursos próprios, mas infelizmente, no Brasil, esse é um caminho difícil, complexo, burocrático e caro.

## Do que estou disposto a abrir mão para realizar meu objetivo?

Um dos maiores segredos do sucesso é estar ciente de que você terá que abrir mão de diversas coisas para conquistar o que deseja. O início de um novo trabalho ou empreendimento requer um esforço grande, desde aprender novas atividades, nova rotina e horas extras de trabalho, inclusive durante os finais de semana. Novos resultados só serão alcançados se ocorrerem mudanças, afinal, não é possível alcançar um novo caminho sem realizar algo diferente e sem deixar para trás modelos e papéis. Questionar-se nesse momento é fundamental para compreender do que é necessário abrir mão para ganhar algo maior e evoluir no plano que deseja — seja melhor qualidade de vida, de trabalho ou melhor remuneração.

Aqui estão algumas dicas para refletir sobre o momento de trabalho e carreira, e sobre as coisas de que você deve abrir mão.

2. Saiba que certeza é uma grande ilusão, então você terá que entrar num mundo no qual não há certezas nem estará na sua zona de conforto. Mas não se deixe vencer pela incerteza.

3. Não ignore seus sentimentos. Abrir mão de uma situação causa medo, dúvida, angústia. Fique atento aos seus sentimentos, pois eles não são aleatórios; estão tentando passar uma mensagem.

4. Não pense que a mudança vai resolver todos os seus problemas. Outros virão e outros serão resolvidos. Faça uma lista dos prós e contras.

5. Não tente fazer tudo sozinho. Procure ajuda, converse com pessoas da área. Alguém bem-sucedido está cercado das pessoas certas.

6. Seja resistente, mas saiba quando a mudança não deu certo. Não existem soluções rápidas e atalhos. Construir e se reinventar não acontece do dia para a noite. Mudanças são gradativas.

7. Prepare-se com antecedência. Capacite-se. Tenha princípios e hábitos. Abra mão um pouco de seu tempo para se capacitar, para ler sobre o que pretende fazer, conversar com pessoas que tomaram decisões parecidas com a sua.

## OS INVESTIMENTOS — REDUZINDO O TAMANHO DAS PEÇAS

Os investimentos são importantes aceleradores dos planos de vida. Eles permitirão conquistar antes ou mais facilmente os nossos sonhos de longo prazo, mas para isso é necessário resistir às tentações de curto prazo e ter um conhecimento mínimo.

Mesmo que possa parecer distante ou difícil começar a investir, é importante dar o primeiro passo. Muitas pessoas postergam o início dos investimentos por acreditar não ter o conhecimento suficiente ou não ter "sobras" para fazê-lo, e isso deixará os seus sonhos cada vez mais distantes.

Não é necessário ser nenhum especialista ou estudioso para entender complexas teorias sobre investimentos, no entanto é importante levar em consideração três lições:

### — — — LIÇÃO 1: Não acredite em ganhos muito expressivos e de curto prazo

Você já deve ter lido textos, comentários e conversas sobre oportunidades no mercado financeiro e maneiras de ficar rico rapidamente — oportunidades de grandes investimentos, negócios imperdíveis, entre outras coisas.

Tudo é muito tentador! E, cá entre nós, são tantas notícias desanimadoras, que os falsários se aproveitam da fragilidade das pessoas para vender e ganhar dinheiro com a premissa de mudar suas vidas. Mas não existe dinheiro fácil nem plano mágico para ficar rico no curto prazo. Ganhar dinheiro requer conhecimento, persistência, resiliência e tempo. Infelizmente, bancos e até empresas de investimentos podem acabar se aproveitando da ignorância financeira das pessoas para oferecer empréstimos a taxas abusivas e operações não tão rentáveis.

### — — — LIÇÃO 2: Invista sempre e garanta uma rentabilidade de acordo com o mercado

Você não vai acertar o melhor momento e as melhores ações, nem vender no momento exato com a melhor valorização, portanto esteja sempre investindo. Dessa forma, você comprará nos bons e não tão bons momentos, mas o importante é que seu investimento sempre crescerá.

Vejamos alguns exemplos.

Um jovem começou a investir R$200 por mês dos 20 anos até os 60 anos, com uma rentabilidade de 0,7% ao mês, no fim desse período, ele terá acumulado R$784.404.

Por outro lado, outro jovem, de 30 anos, começou a investir o dobro de dinheiro, R$400, até os 60 anos, tendo a mesma rentabilidade, terá acumulado R$646.855.

Ou seja, ao começar dez anos mais tarde, mesmo investindo o dobro do dinheiro, não será suficiente para alcançar o mesmo valor financeiro.

### — — — LIÇÃO 3: Tenha uma estratégia de investimentos e siga fiel a ela

É provável que você questione a rentabilidade ou os resultados dos seus investimentos ou que lhe sejam apresentados novos investimentos da "moda", e provavelmente terá que fazer alguns ajustes. No entanto, não é necessário que isso seja constante nem complexo.

Apesar de os investimentos envolverem um importante aspecto emocional, afinal de contas são os seus sonhos de vida, muitos anos e sacrifícios que estão em jogo, por isso mesmo você deve ser racional nessas decisões.

Existe uma lógica para a escolha de investimentos, que vamos detalhar mais à frente, portanto mantenha-se fiel à estratégia, mas compreenda o contexto da economia e dos seus investimentos. É importante que você tenha alguém de confiança do mercado financeiro que conheça os seus planos, para te ajudar a escolher os melhores investimentos para cada objetivo específico.

Os investimentos são balizados pelos seus objetivos, levando em consideração prazo e risco. Antes de escolher um investimento, tenha clareza do seu objetivo; os investimentos sempre terão um propósito específico. Uma vez determinado, independentemente do seu perfil, sendo mais arrojado ou conservador, existem investimentos que são mais adequados para o curto prazo e outros para o longo prazo.

Podemos atribuir três variáveis importantes aos investimentos, a fim de determinar qual o tipo de investimento mais adequado para seus objetivos:

**Rentabilidade:** É o retorno sobre um determinado valor investido, em forma de juros. Os investimentos com maior risco e menor liquidez podem ter melhores rentabilidades.

**Liquidez:** É a facilidade que determinado ativo tem de ser convertido em dinheiro. Pode ser entendida como a medida de interesse que os investidores têm em negociar esse ativo pelo preço justo. Um ativo que é facilmente vendido é considerado de alta liquidez. Alguns ativos também têm carência, ou seja, determinado prazo no qual não é possível vender o investimento. Exemplo: um imóvel pode possuir liquidez baixa. Para conseguir um preço justo, pode demorar meses ou anos. A poupança tem liquidez alta. No instante que quiser vender, o banco transfere o dinheiro para a sua conta-corrente. Ações, embora você consiga vender no instante em que as coloca à venda, pode ser que não estejam no preço ideal, o que reduz a liquidez.

**Volatilidade:** A volatilidade indica intensidade (alta ou baixa) da oscilação do valor de determinado ativo em um período de tempo. Ela é uma medida que mensura o risco, pois quanto maior a volatilidade, maiores as possibilidades de lucro ou prejuízo operando o ativo. Ações, por exemplo, possuem volatilidade alta; podem ter grandes lucros em poucos dias ou meses, como também podem gerar grandes prejuízos.

Normalmente, investimentos que podem proporcionar maiores rentabilidades tendem a ter maior volatilidade e risco. Investimentos com maior liquidez tendem a ter menores rentabilidades e consequentemente menor risco (volatilidade).

Portanto para projetos de curto prazo, opte por investimentos de alta liquidez e baixo risco, por exemplo, CDB (sem carência).

O importante é você saber diferenciar os tipos de investimentos e suas características.

| PLANOS | PRAZO | INDEXADOR | ESTRATÉGIA |
|---|---|---|---|
| Curto Prazo | Até 1 ano | SELIC/CDI | Devido ao prazo curto, o importante neste caso é garantir o resultado da aplicação, estabilidade e não correr o risco de não ter dinheiro suficiente para o seu plano.<br>Não invista em ativos de risco para tentar antecipar o seu objetivo, pois você pode ter o contratempo da volatilidade. |
| Médio Prazo | 2 a 5 anos | SELIC/CDI<br>Prefixado<br>Multimercado<br>IPCA | Neste caso, você pode optar por investimentos com carência que podem pagar um pouco melhor por um prazo mais longo. Este também pode ser um contexto de ter um pouco mais de risco para obter melhores resultados, mas tome cuidado para não se arriscar demais e perder o seu objetivo. |
| Longo Prazo | 5 a 10 anos | IPCA<br>Multimercado<br>Renda Variável | Para objetivos de maiores prazos, recomendamos parte do investimento em ativos indexados ao IPCA; neste caso, o seu investimento não fica comprometido pelo impacto da inflação, o maior risco do longo prazo. Mas se atente ao prazo do produto, para que fique próximo ao seu objetivo. |
| Longuíssimo Prazo | Mais de 20 anos | IPCA<br>Multimercado<br>Renda Variável | Aqui recomendamos grande parte dos seus investimentos na segurança de um investimento indexado à inflação. Embora exista uma volatilidade ao longo do tempo, este é o único tipo de investimento que lhe preserva da inflação. |

**Observações importantes:**

As recomendações citadas servem como um parâmetro para você ponderar os seus investimentos. Tudo isso pode mudar e variar de acordo com o seu contexto e o contexto econômico. Nessas sugestões, mais importante do que os investimentos e tentar buscar a melhor rentabilidade possível, é o investidor em que você se torna ao agir com coerência com o seu projeto de vida.

Para adequar melhor os investimentos, buscar uma ajuda especializada pode ser um bom caminho, mas ninguém poderá ajudá-lo se você não tiver clareza dos seus objetivos de vida, que condicionarão os seus investimentos.

# Matemática financeira

O regime de juros compostos é o mais comum no sistema financeiro, sendo, portanto, o mais útil para cálculos de investimentos. Os juros gerados a cada período são incorporados ao principal para o cálculo dos juros do período seguinte. Isso torna o tempo um importante fator para acumulação de juros nos investimentos.

Se por um lado os juros podem ser o grande vilão de quem compra algo financiado ou toma um empréstimo, eles são o grande aliado do investidor.

Veja a diferença dos juros a favor, contra ou nenhum juro:

|  | FINANCIAMENTO | SEM JUROS | INVESTIMENTO |
|---|---|---|---|
| Valor de referência | R$100.000 | R$100.000 | R$100.000 |
| Prazo | 10 anos | 10 anos | 10 anos |
| Juros | 1% | 0% | 0,5% |
| Parcela | R$1.434,70 | R$833,33 | R$610,20 |
| Custo total | R$172.164 | R$100.000 | R$73.224 |

Com planejamento, alinhamento de expectativas, tempo e bons investimentos, é possível pagar muito menos pelos seus sonhos.

Agora, para descobrir o valor necessário das parcelas dos seus sonhos, tem que levar em consideração dois fatores: taxa de juros e prazo.

Na tabela a seguir, as linhas representam os meses em que você gostaria de alcançar o seu objetivo; nas colunas estão as taxas esperadas.

Identifique o coeficiente (número) encontrado na interseção desses dois fatores e o multiplique pelo montante final desejado.

**Exemplo:** Suponhamos que você queira acumular **R$10.000 em 24 meses** e espera uma rentabilidade de 0,7%.

O número que encontra a intercessão na linha 24 com a rentabilidade de 0,7% é: 0,0384099.

Portanto, multiplique R$10.000 por 0,0384099 = R$384,10.

Este é o valor mensal que você deve investir por mês buscando uma rentabilidade de 0,7%.

Ao determinar uma rentabilidade, cuidado para não ser muito otimista e ficar distante do seu real objetivo. A rentabilidade máxima da tabela é de 1,2%, o que já pode ser considerada uma rentabilidade bem acima de média, levando em consideração o médio/longo prazo.

Para o investimento de longo prazo, acima de dez anos, procure considerar a rentabilidade mais baixa possível para termos um resultado que se aproxime de um investimento mensal ainda ajustado pela inflação ao longo do tempo.

|     | 0,4% | 0,5% | 0,6% | 0,7% | 0,8% | 1,0% | 1,2% |
|-----|------|------|------|------|------|------|------|
| 1   | 1,0000000 | 1,0000000 | 1,0000000 | 1,0000000 | 1,0000000 | 1,0000000 | 1,0000000 |
| 2   | 0,4990020 | 0,4987531 | 0,4985045 | 0,4982561 | 0,4980080 | 0,4975124 | 0,4970179 |
| 3   | 0,3320035 | 0,3316722 | 0,3313413 | 0,3310109 | 0,3306808 | 0,3300221 | 0,3293651 |
| 4   | 0,2485050 | 0,2481328 | 0,2477612 | 0,2473903 | 0,2470199 | 0,2462811 | 0,2455447 |
| 5   | 0,1984064 | 0,1980100 | 0,1976144 | 0,1972195 | 0,1968255 | 0,1960398 | 0,1952573 |
| 6   | 0,1650078 | 0,1645955 | 0,1641841 | 0,1637737 | 0,1633643 | 0,1625484 | 0,1617362 |
| 7   | 0,1411520 | 0,1407285 | 0,1403062 | 0,1398850 | 0,1394650 | 0,1386283 | 0,1377961 |
| 8   | 0,1232605 | 0,1228289 | 0,1223986 | 0,1219695 | 0,1215418 | 0,1206903 | 0,1198439 |
| 9   | 0,1093452 | 0,1089074 | 0,1084710 | 0,1080362 | 0,1076028 | 0,1067404 | 0,1058838 |
| 10  | 0,0982132 | 0,0977706 | 0,0973296 | 0,0968903 | 0,0964526 | 0,0955821 | 0,0947181 |
| 11  | 0,0891054 | 0,0886590 | 0,0882144 | 0,0877717 | 0,0873307 | 0,0864541 | 0,0855846 |
| 12  | 0,0815159 | 0,0810664 | 0,0806190 | 0,0801735 | 0,0797300 | 0,0788488 | 0,0779754 |
| 18  | 0,0536905 | 0,0532317 | 0,0527759 | 0,0523230 | 0,0518731 | 0,0509820 | 0,0501028 |
| 24  | 0,0397819 | 0,0393206 | 0,0388633 | 0,0384099 | 0,0379605 | 0,0370735 | 0,0362021 |
| 36  | 0,0258812 | 0,0254219 | 0,0249686 | 0,0245212 | 0,0240797 | 0,0232143 | 0,0223722 |
| 48  | 0,0189388 | 0,0184850 | 0,0180391 | 0,0176011 | 0,0171709 | 0,0163338 | 0,0155276 |
| 60  | 0,0147797 | 0,0143328 | 0,0138957 | 0,0134684 | 0,0130508 | 0,0122444 | 0,0114761 |
| 72  | 0,0120123 | 0,0115729 | 0,0111452 | 0,0107292 | 0,0103248 | 0,0095502 | 0,0088205 |
| 84  | 0,0100401 | 0,0096086 | 0,0091906 | 0,0087862 | 0,0083952 | 0,0076527 | 0,0069617 |
| 96  | 0,0085649 | 0,0081414 | 0,0077335 | 0,0073408 | 0,0069633 | 0,0062528 | 0,0055999 |
| 108 | 0,0074210 | 0,0070057 | 0,0066078 | 0,0062270 | 0,0058630 | 0,0051842 | 0,0045687 |
| 120 | 0,0065091 | 0,0061021 | 0,0057142 | 0,0053452 | 0,0049946 | 0,0043471 | 0,0037680 |
| 180 | 0,0038041 | 0,0034386 | 0,0031005 | 0,0027889 | 0,0025027 | 0,0020017 | 0,0015872 |
| 240 | 0,0024896 | 0,0021643 | 0,0018735 | 0,0016150 | 0,0013867 | 0,0010109 | 0,0007268 |
| 300 | 0,0017300 | 0,0014430 | 0,0011959 | 0,0009850 | 0,0008066 | 0,0005322 | 0,0003446 |
| 360 | 0,0012467 | 0,0009955 | 0,0007879 | 0,0006184 | 0,0004816 | 0,0002861 | 0,0001660 |
| 420 | 0,0009200 | 0,0007019 | 0,0005293 | 0,0003950 | 0,0002919 | 0,0001555 | 0,0000806 |

## Os principais produtos financeiros

Para investir com sabedoria, não é necessário ser um *expert* em investimentos, mas é imprescindível compreender bem os seus objetivos, a lógica do mercado financeiro e minimamente as opções de investimentos.

Muito provavelmente você não irá acertar as empresas mais valorizadas da bolsa de valores, nem prever a alta do dólar ou a queda do preço do petróleo, e este não é o intuito. Mas você vai aprender a escolher os melhores investimentos para os seus objetivos.

Para um rápido entendimento, suficiente para o contexto e os objetivos deste livro, podemos considerar os conceitos a seguir. Os produtos do mercado financeiro podem ser divididos em duas categorias gerais:

**Renda fixa:** É o tipo de investimento cuja remuneração ou forma de cálculo é conhecida no momento da aplicação. São considerados mais conservadores, uma vez que proporcionam maior previsibilidade, planejamento e menor risco financeiro. No entanto, podem ter rentabilidade negativa em alguns casos. Os ativos de renda fixa podem ainda ser subclassificados em dois outros grupos:

*Prefixados:* O investimento prefixado é aquele em que já se sabe de antemão a rentabilidade exata do título. Por exemplo, cada título de Tesouro Prefixado (antiga LTN) negociado no Tesouro Direto valerá R$1 mil na data de vencimento. Então, se você comprar hoje por R$800, já saberá que ele irá valer R$1 mil na data de vencimento.

*Pós-fixados:* Nos investimentos pós-fixados, não se sabe a rentabilidade do título, apenas a forma de cálculo da rentabilidade. Os títulos pós-fixados estão atrelados a algum índice que pode ou não sofrer oscilações. Por exemplo, o Tesouro Selic (antiga LFT), também negociado no Tesouro Direto, está atrelado à taxa Selic, a taxa básica de juros da economia. Ou seja, a rentabilidade desse título varia de acordo com a taxa Selic.

São investimentos desta categoria:

» Caderneta de poupança
» Títulos públicos
» Debêntures
» Certificados de Depósito Bancário (CDB)
» Letras de Crédito Imobiliário (LCI)
» Letras de Crédito do Agronegócio (LCA)
» Fundos de renda fixa
» Fundos DI

**Renda variável:** É o tipo de investimento cuja remuneração ou forma de cálculo não é conhecida no momento da aplicação. Por esse motivo, são considerados mais arriscados, com menor previsibilidade, maior risco e podem gerar maiores retornos (mas SEMPRE SEM garantia). O investimento no mercado de ações é a forma mais conhecida de renda variável. Os preços das ações sofrem constantes variações, refletindo os interesses distintos dos agentes do mercado.

São investimentos desta categoria:

» Ações
» Derivativos
» Câmbio
» Fundos de ações

## Principais indexadores

**IPCA**: Esta sigla designa o Índice de Preços ao Consumidor Amplo, que é considerado a inflação oficial do país. É muito importante, por se tratar de um patamar básico — um investimento só começa a apresentar rendimento real depois de superar a inflação. Ou seja, apenas quando uma aplicação se valoriza mais do que o IPCA é que seu poder de compra aumenta.

**Selic**: São os juros básicos da economia, definidos pelo Banco Central para controlar o crédito e domar a inflação ou impulsionar a economia. Eles se refletem diretamente nos juros da renda fixa e são seguidos de perto pelo CDI, que é o principal indicador de rentabilidade dos investimentos de renda fixa.

**CDI**: A sigla CDI vem de Certificado de Depósito Interbancário e deriva do nome dado a títulos emitidos por instituições financeiras do mesmo nome (CDI). Esses títulos são como empréstimos de curtíssimo prazo (um dia) feitos entre as instituições financeiras a fim de sanarem o seu caixa. A maioria das operações é negociada por um dia. A taxa média diária do CDI de um dia é utilizada como referencial para o custo do dinheiro (juros). Por esse motivo, essa taxa também é utilizada como referencial para avaliar a rentabilidade das aplicações em fundos de investimento.

**CDB**: Significa Certificado de Depósito Bancário. Estes certificados são títulos que os bancos emitem para captar dinheiro das pessoas. Dessa forma, o banco remunera com juros, que variam de acordo com o valor emprestado, a quem emprestou.

No Brasil, o CDB é um título nominativo privado emitido por instituições financeiras e vendido ao público como forma de captação de recursos. É negociado tanto a partir de uma taxa fixa de juros (prefixados) quanto de uma taxa vinculada a índices econômicos (pós-fixados). Seus prazos e condições variam de instituição para instituição, e a rentabilidade está sujeita à incidência de IOF e IR. Além disso, as aplicações em CDB são objeto de garantia ordinária do Fundo Garantidor de Créditos.

**IBOV**: Significa o índice BOVESPA, que é o indicador do desempenho médio das cotações dos ativos (ações) de maior negociabilidade e representatividade do mercado de ações brasileiro. Ou seja, ele é a mais importante referência para o nosso mercado de ações. O motivo pelo qual índices de ações existem é que seria muito confuso analisar o desempenho de um mercado (nesse caso específico, o nosso mercado de ações à vista) analisando cada ação individualmente. Outra vantagem imediata de se ter um índice de ações é o acompanhamento histórico de um mercado e a sua comparação com os de outros países. O IBOVESPA representa o valor de uma carteira teórica composta de 27 ações criada em 1968 com o valor base de 100 pontos. Atualmente, essa carteira teórica é composta de 59 ações.

## A TRIBUTAÇÃO

Conhecer todos os custos, tributação e riscos de investimentos é fundamental, inclusive para obter melhores resultados e determinar escolhas. Para saber quanto um investimento rende na prática, não basta apenas considerar o rendimento bruto. É também necessário verificar os impostos que incidem sobre ele e descontá-los do resultado final.

Imposto de Renda por Tipo de Investimento

| PRODUTO | IMPOSTO DE RENDA |
|---|---|
| Poupança | Isento |
| Tesouro Direto | Prazo inferior a 180 dias: 22,5%; de 181 a 360: 20%; de 361 a 720: 17,5%; acima de 720 dias: 15% |
| CDB | Mesma tributação decrescente do Tesouro Direto |
| Fundo de Renda Fixa de Longo Prazo | Mesma tributação decrescente que o Tesouro Direto. Obs.: Presença do come-cotas* |
| Fundos de Renda Fixa de Curto Prazo | Prazo inferior a 180 dias: 22,5%; superior a esse prazo, alíquota de 20% |
| Fundo de Ações | 15% |
| Ações (Compra Direta) | 15% para operações normais e 20% para day trade |
| Fundos Imobiliários | Ganho de capital: 20%. Recebimento de aluguéis: isento |
| LCI, LCA e CRI | Isento |

*Imposto cobrado semestralmente (maio e novembro). ANTECIPANDO imposto de renda para os cofres públicos (na alíquota de 15%).
Isso diminui, semestralmente, o valor de suas cotas no fundo, prejudicando o famoso "juros sobre juros", dado que as taxas serão aplicadas a valores de cotas menores do que se o imposto não fosse antecipado.

# TÍTULOS PÚBLICOS

O Tesouro Direto é um programa do Tesouro Nacional, criado em 2002 em parceria com a CBLC (Companhia Brasileira de Liquidação e Custódia) e a própria Bolsa de Valores. O objetivo era possibilitar a compra e venda de títulos públicos para pessoas físicas, de forma direta, online e simples, com segurança e baixo custo. Portanto, não é o investimento, mas o meio de investir em títulos públicos.

O Tesouro Direto funciona como se você fizesse um empréstimo para o governo. Em troca disso, ele lhe paga uma taxa de juros em determinado prazo de vencimento.

Dessa forma, o governo pode captar recursos para financiar a dívida pública e demais atividades, como saúde, educação, infraestrutura. E o investidor, por sua vez, tem seu dinheiro aplicado em um investimento rentável e extremamente seguro.

O Tesouro Direto é um título de renda fixa, o que quer dizer que é possível conhecer ou prever a rentabilidade que você terá no resgate da aplicação.

Investir em títulos públicos é muito simples. O primeiro passo é abrir uma conta em uma corretora de valores e pedir o seu cadastro no programa do governo. O cadastro é responsabilidade da corretora e, uma vez realizado, você receberá uma senha de acesso provisória em seu e-mail.

Veja os tipos de títulos:

**Tesouro Pré:** Este título possui rentabilidade prefixada, definida no momento da compra. Isso quer dizer que você terá uma taxa fixa por ano e receberá exatamente essa taxa. É um título interessante para cenário de alta dos juros, quando a perspectiva for de queda nas taxas.

**Tesouro Selic:** Este título possui rentabilidade pós-fixada, atrelada à taxa Selic. Isso quer dizer que você receberá a taxa corrente no ano e, portanto, a rentabilidade pode variar. Apesar disso, esse título é considerado a opção mais conservadora de títulos públicos, uma vez que a taxa Selic é a taxa básica de juros da economia.

**Tesouro IPCA Princ:** Este título possui parte da sua rentabilidade prefixada, definida por uma taxa, e parte pós-fixada, atrelada ao IPCA. Isso quer dizer que a rentabilidade será sempre acima da inflação, pagando inflação + taxa prefixada.

**Tesouro IPCA:** Este título é semelhante ao anterior no que diz respeito à rentabilidade. A diferença é que nesta modalidade você pode optar por receber juros semestralmente.

Há uma liquidez grande: o Tesouro Nacional compra os títulos a qualquer momento antes do vencimento. O dinheiro é transferido para seu banco ou corretora no dia útil seguinte, o chamado D+1. Mas para isso você deve **ficar atento ao valor do título**, que deve ser trazido para o presente.

Para quem vende o título antes do vencimento, é importante verificar quanto ele está valendo naquele momento, já que ele pode sofrer valorização ou desvalorização de acordo com as perspectivas do mercado.

Se você adquiriu um título prefixado e, ao contrário das projeções, a **Selic disparou,** é provável que seu papel sofra desvalorização, pois aqueles juros consideravam uma Selic mais baixa. Na prática, seu ativo acaba sendo menos rentável do que outros novos.

É importante entender que para cada título e prazo deve existir uma estratégia e objetivo atrelados aos mesmos.

**O título prefixado** tem maior oscilação ao longo da aplicação e pode se valorizar ou desvalorizar em caso de venda antes do vencimento. Você sabe exatamente quanto dinheiro terá no momento do vencimento. Por outro lado, não consegue saber o quanto estará ganhando em poder de compra, por não ter juros atrelados ao IPCA.

**Título pós-fixado atrelado à Selic** tem menor oscilação ao longo da aplicação, por seguir exatamente a Selic, com um adicional pequeno de juros anuais. Pode ser um ativo interessante para maior liquidez e para quem quer negociá-lo antes do vencimento (garantia de que o retorno será maior do que o investimento).

**Título pós-fixado atrelado ao IPCA** oferece a perspectiva exata da valorização do poder de compra, já que a inflação está embutida dentro desse rendimento. No entanto, para a venda antecipada, pode sofrer muita oscilação. Pode ser um investimento interessante para quem mira em longo prazo e está fazendo aplicações visando à aposentadoria, já que você não precisa se preocupar com os avanços da inflação.

## NOSSA RELAÇÃO COM OS INVESTIMENTOS

Em um mercado ideal e racional, tanto vendedores quanto compradores deveriam chegar à mesma avaliação de um item. No entanto, na maioria das transações reais, o proprietário de um item acredita que o seu bem vale mais do que o comprador.

Investir em qualquer coisa aumenta a nossa sensação de propriedade, e a propriedade nos leva a avaliar as coisas de forma diferente do valor real. Dessa maneira, temos a tendência a supervalorizá-lo por causa de um efeito chamado **dotação**.

O conceito básico de dotação é o fato de que o proprietário atual de um item o supervaloriza e, por causa disso, vai querer vendê-lo a um preço mais alto do que o futuro proprietário estará disposto a pagar. Isso acontece muito principalmente na compra e venda de imóveis e carros usados.

O efeito dotação está profundamente ligado **à aversão à perda**. O princípio sustenta a ideia de que valorizamos ganhos e perdas de formas diferentes, e isso pode ser uma grande armadilha para investidores principiantes e despreparados. Sentimos a dor das perdas mais fortemente do que o prazer do ganho. E a diferença não é pequena — a dor é quase o dobro do prazer.

A aversão à perda funciona em conjunto com o efeito dotação. Não queremos renunciar ao que possuímos em parte porque supervalorizamos e não queremos renunciar àquilo.

Em muitos casos, podemos ver isso na dificuldade de se desfazer de um investimento ruim e aceitar a perda, mesmo quando o cenário se mostra completamente negativo. Ou também na dificuldade que encontramos de investir no longo prazo, pois estamos renunciando ao gasto de curto prazo, causando uma sensação de estar "perdendo" uma viagem, compras de supermercado, assinatura de um clube de vinhos, entre outros.

A sensação ou o risco de perda influencia bastante nos investimentos em renda variável. Dessa maneira, muitas pessoas preferem investir em cadernetas de poupança em vez de colocar uma parte dos seus investimentos em ações ou ativos de maior risco.

# PLANO DE VIDA

CAPÍTULO 4

# PLANO DE VIDA

## A PARÁBOLA DO VELHO LENHADOR

Certa vez, um velho lenhador, conhecido por sempre vencer os torneios de que participava, foi desafiado por outro lenhador jovem e forte para uma disputa. A competição chamou a atenção de todos os moradores da localidade. Muitos acreditavam que finalmente o velho perderia a condição de campeão dos lenhadores em função da vantagem física do jovem desafiante.

No dia marcado, os dois competidores começaram a disputa, à qual o jovem se entregou com grande energia e convicto de que seria o novo campeão. De tempos em tempos olhava para o velho e, às vezes, percebia que ele estava sentado. Pensou que o adversário estava velho demais para a disputa e continuou cortando lenha com todo vigor.

Ao final do prazo estipulado para a competição, foram medir a produtividade dos dois lenhadores, e — pasmem! — o velho vencera novamente, por larga margem, aquele jovem e forte lenhador.

Intrigado, o moço questionou o velho:

— Não entendo. Muitas das vezes em que olhei para o senhor durante a competição, notei que estava sentado, descansando, no entanto conseguiu cortar muito mais lenha do que eu. Como pode?

— Engano seu — disse o velho. Quando você me via sentado, na verdade, eu estava amolando meu machado. E percebi que você usava muita força e obtinha pouco resultado.

Essa parábola nos ensina uma importante lição que podemos aplicar à nossa vida: não basta acreditar que apenas o trabalho duro será suficiente para vencer na vida. Não adianta sair correndo em qualquer direção, acreditando que um dia chegará ao lugar certo. Pode até ser que aconteça, mas será um mero acaso. É preciso mais do que isso. Assim como o jovem lenhador que acreditava que sua jovialidade e força física eram suficientes para vencer, muitas pessoas também acreditam que não podem parar nem por um minuto, pois assim estarão perdendo tempo e dinheiro, o que não é verdade. Apenas esforço e trabalho não são suficientes para ter uma boa qualidade de vida.

O velho lenhador sabia que era necessário amolar seu machado periodicamente para desempenhar a tarefa com sucesso. É fundamental um conjunto de habilidades para atingir seus objetivos. Obviamente, não basta apenas "amolar o machado", mas encontrar o melhor equilíbrio entre amolar e utilizar o machado para derrubar a árvore, sempre estudando e compreendendo as melhores técnicas e fases da vida.

O Planejamento de Vida, alicerçado pelo Planejamento Financeiro, é uma forma de "amolar o machado". É importante, portanto: (1) conhecer bem seus objetivos pessoais,

> Se você quer derrubar uma árvore na metade do tempo, passe o dobro do tempo amolando o seu machado.

suas fraquezas e necessidades de desenvolvimento pessoal e profissional; (2) definir bem seus objetivos de médio e longo prazos; (3) criar novos hábitos de consumo e priorização de gastos; (4) equilibrar um bom padrão de vida no presente, sem sacrificar o futuro; (5) ter consciência de que o machado precisa sempre ser amolado.

## COMO SE PLANEJAR NA INCERTEZA — OS ANOS DA COVID-19

O brasileiro é um povo otimista. Segundo uma pesquisa realizada em 28 nações, divulgada em setembro de 2019 pela empresa Edelman, o Brasil é o povo mais otimista do mundo. Na pesquisa, 76% dos brasileiros se consideram otimistas, enquanto a média mundial é de 56%.

A pesquisa apontou que em 15 dos 28 países, houve uma maioria de pessimistas, incluindo economias mais desenvolvidas. Nos EUA, boas expectativas em relação ao futuro foram relatadas por 43% dos consultados. Esperança por progresso pessoal e familiar nos próximos cinco anos foi manifestada por apenas 15% das pessoas no Japão, 19% na França, 23% na Alemanha e 27% no Reino Unido.

A pesquisa mostrou também desconfiança em relação ao capitalismo, às empresas e aos efeitos das mudanças tecnológicas. Segundo 56% dos consultados, o capitalismo em sua forma atual produz mais mal do que bem.

Diante das mudanças tecnológicas, 61% disseram ter medo de perder o emprego por causa da automação, da falta de treinamento, da competição estrangeira ou da presença de imigrantes dispostos a ganhar menos.

O resultado é positivo, mas otimismo demais com o futuro, sem um planejamento no presente, pode trazer alguns problemas. É preciso separar otimismo de realidade; expectativa de ação. Esse positivismo se traduz em diversas ações (ou falta de ações), que são extremamente prejudiciais, realizadas pelas pessoas.

O viés do otimismo é a tendência de superestimar a probabilidade de eventos positivos e subestimar o risco de ocorrerem eventos negativos. Isso faz com que interpretemos erroneamente os dados, acontecimentos e demais elementos da nossa realidade. Em muitos casos, o pensamento negativo nos permite preparar melhor, estudar mais, trabalhar mais e poupar mais. Por outro lado, pessoas extremamente positivas tendem a relaxar e se esforçar menos, acreditando na probabilidade de dar certo sem grandes esforços.

Quando nos projetamos no futuro, temos uma tendência maior a acreditar que seremos ricos e saudáveis do que a pensar que podemos sofrer um acidente, contrair uma doença ou perder o emprego. Portanto, esse viés nos faz acreditar que nosso futuro será melhor do que o passado, subestimar os riscos e deixar de adotar comportamentos preventivos.

Contudo, a única coisa de que temos certeza é que imprevistos acontecem. O ano de 2020 foi a grande prova disso. Vivemos um ano completamente imprevisível: uma pandemia se alastrou pelo mundo, matando milhões de pessoas, fazendo com que países inteiros ficassem em *lockdown*. Quem poderia prever isso? Nem o mais pessimista!

No entanto, planejar-se depois de um ano tão atípico, que se mostrou por si só bastante desafiador, difícil e incontrolável, parece algo improvável. Foram muitas dúvidas, diante de poucas certezas, o que o tornou ainda mais complexo, mas, por outro lado, nos tornamos pessoas mais criativas e resilientes.

Aprendemos a lidar com a distância, insegurança, angústia e ser mais criativos. Tivemos que nos adequar a novas tecnologias e rotinas. Aprendemos a ter empatia e cuidar das pessoas mais frágeis. Sem dúvida, foi um ano difícil, mas, diante das adversidades, sempre há ensinamentos. O ano de 2020 deixará marcas por anos, assim como em outros momentos históricos, principalmente para aquelas pessoas que foram diretamente impactadas por tal contexto. Para todos que perderam parentes e pessoas próximas devido à Covid-19, aqueles que mudaram de emprego, aproximaram-se ou distanciaram-se de outros, casais que se formaram e se divorciaram, foi um ano muito intenso.

Momentos como este na história são poucos, mas não únicos, e sem dúvida não será o último. Até hoje me deparo com pessoas que têm receio de um novo "bloqueio da poupança", como houve há quase trinta anos no governo Collor. Ou pessoas e empresas que foram afetadas com crises políticas e até mesmo por guerras. Ainda assim, precisamos ter esperança e planejamento. O otimismo é acolhedor, importante para acordar e acreditar, mas também devemos nos preparar para um futuro que não foi como planejamos.

Não há dúvidas de que o contexto afeta a nossa vida, mas precisamos aprender, nos adaptar rápido e agir onde podemos fazer a diferença, seja para nós mesmos, para as pessoas ao nosso redor ou até mesmo para o mundo, mas nunca ficar parados, esperando o melhor. Nós mesmos devemos construir o melhor, nos esforçar mais, trabalhar mais.

Se o plano era uma viagem, uma mudança de emprego, fazer uma dieta, organizar as finanças e os planos foram alterados devido ao contexto, pense em como atingir os mesmos resultados de maneiras diferentes. Se a viagem teve que ser cancelada, aproveite para iniciar um novo *hobby* ou uma nova atividade de lazer.

Apesar da atipicidade do ano, é necessário erguer a cabeça, replanejar, pensar e seguir adiante. Obviamente, algumas pessoas foram muito mais afetadas do que outras, seja pela perda de entes queridos ou pelo impacto econômico gerado pela pandemia. Mas é preciso seguir, com coragem e criatividade.

Nunca antes na história fomos capazes de nos adaptarmos tão rapidamente a uma adversidade tão grande. Em poucos meses, milhões, ou até bilhões de pessoas em todo o mundo mudaram formas de trabalho, relacionamento, distanciamento e higiene pessoal. Muitos sonhos deixaram de ser realizados e trouxeram frustração. No entanto, alguns desses sonhos só não são concretizados porque são mal dimensionados e não lhes foi dada a devida dedicação. Todo ano surge a mesma promessa: "desta vez vai ser diferente, vou levar a sério", "vou fazer um regime", "voltar para a aula de inglês", "investir mais na carreira". Mas se não mudarmos a forma de agir, o resultado será o mesmo de sempre. Como percebemos, o contexto interfere, mas a nossa vontade deve ser maior. Talvez devêssemos ser um pouco mais pessimistas. Não acreditar que tudo vai dar errado, mas, se der errado, que tenhamos como resolver o problema.

Nunca podemos deixar de cuidar destes aspectos fundamentais:

### 1. Saúde física e mental

Para quem estava acostumado a fazer exercícios físicos, o isolamento social foi um grande desafio. Até mesmo quem gostava apenas de fazer uma caminhada no fim de semana sentia falta da rotina. Uma pesquisa realizada pela Universidade Federal de Minas Gerais (UFMG) aponta que quatro em cada dez brasileiros tiveram aumento de peso na pandemia, principalmente devido às mudanças da rotina com a redução dos exercícios físicos e o aumento do consumo de *fast-food*. As vantagens dos exercícios são nítidas para o corpo e para a mente. Tudo funciona de forma integrada e, nesse período de pandemia, em que os casos de ansiedade e depressão têm aumentado, isso é ainda mais importante. Além de ser um fator de distração, a atividade física também libera endorfina, dopamina e serotonina — hormônios ligados ao sentimento de felicidade.

## 2. Relacionamentos interpessoais

Quem não sentiu falta de pessoas queridas por perto, de um abraço ou de um jantar na casa de amigos? A tecnologia ajudou muito para reduzir o distanciamento social, a angústia, e nos permitiu novas possibilidades. Por outro lado, a pandemia evidenciou a importância de pessoas queridas por perto, o real valor de um abraço e dos pequenos atos da vida. Sentimos falta de andar na rua, ver pessoas, caminhar livremente em um parque e conhecer pessoas. Eram coisas que pareciam simples e muitas das quais o dinheiro não compra.

## 3. Finanças pessoais

As finanças pessoais não precisam ser o foco, mas nunca devem ser negligenciadas e esquecidas. O bom planejamento financeiro é peça-chave para realizar todos os outros objetivos, cumpre um papel coadjuvante para qualquer história de vida, mas, se mal organizado, pode se tornar o grande vilão. Dinheiro não deve ser o objetivo, no entanto é o caminho para qualquer realização, seja uma dieta para emagrecer que demandará produtos naturais, alimentos saudáveis, eventuais visitas ao nutricionista, uma academia e, consequentemente, aumento nos gastos. Pode ser a mudança de emprego, que poderá ser necessária para se dedicar a uma pós-graduação ou ficar um tempo sem emprego e renda. Ou até mesmo se resguardar de momentos de incertezas, como vivemos em 2020. Enfim, qualquer que seja o seu plano, sua prioridade e seus objetivos, não deixe de planejar a maneira de alcançá-los, incluindo os recursos que serão necessários dentro do seu contexto de finanças pessoais, quando deverão ser realizados, quais são os passos, do que você irá precisar para realizar seu projeto — e mãos à obra!

Não negligencie a sua vida; ela é muito curta para ser desperdiçada. Em cada novo desafio, a cada ano que se passa, novos planos e projetos serão conquistados e realizados, mas não deixe isso na mão do acaso: seja o condutor desta mudança, e não o coadjuvante da sua própria história de vida.

## JUNTANDO AS PEÇAS
### Orçamento

Mensurar e compreender o tamanho das "grandes peças" e ainda ter espaço para todas as pequenas peças parece uma tarefa impossível. Conseguir pagar todas as contas — luz, água, telefone, condomínio, moradia —, sobrar dinheiro para roupas, um cinema no final de semana, jantar, viagens, gasolina e ainda investir dinheiro para os grandes sonhos...

Vale ressaltar que cada grande peça traz consigo naturalmente algumas pequenas. Um novo carro, por exemplo, vem acompanhado de IPVA, gasolina, seguro, estacionamento. Assim como um apartamento acompanha móveis novos, reforma, pintura, entre outros.

Se essa conta não está fechando para você, não se sinta solitário: isso vai acontecer com a enorme maioria das pessoas. Mas só podemos ajustar e melhorar aquilo que conseguimos enxergar, e este foi o primeiro passo.

Saber economizar com inteligência requer muito treino, planejamento, conhecimento e análise. De tempos em tempos, é importante rever os hábitos de consumo pessoal, os preços e cortar o desnecessário (não o supérfluo). Porém apenas cortar, reduzir e diminuir gastos, sem ter um propósito muito claro e objetivo, não funciona.

Quanto mais específicos e mensuráveis forem seus objetivos de vida, mais fácil será conseguir economizar, poupar e investir.

Por esse motivo, comece o planejamento financeiro determinando os seus objetivos principais. Neste momento, você já tem maior clareza dos recursos necessários para realizar seus principais projetos de vida.

Anotar todos os gastos correntes no mês é importantíssimo para avaliar suas aquisições, identificar os desperdícios e encontrar maneiras para reduzir gastos desnecessários e potencializar melhores compras, avaliando seus custos e benefícios. No entanto, não basta anotar, mas analisar todas essas informações, transformando-as em conhecimento útil para a tomada de decisões. A partir dos dados, você precisa ponderar sobre a real necessidade de cada gasto para a sua qualidade de vida no presente e/ou para o futuro.

Entender o fluxo do dinheiro, o custo de oportunidade e alguns conceitos básicos de economia e investimentos ajuda a mensurar melhor o custo-benefício das coisas, ajudando no seu planejamento financeiro.

> Quanto mais específicos e mensuráveis forem seus objetivos de vida, mais fácil será conseguir economizar, poupar e investir.

> **Uma sugestão:** antes de começar a anotar os seus gastos, faça uma estimativa de todas as suas receitas e despesas. Ou seja, coloque em um sistema, aplicativo, planilha ou papel o quanto você acredita gastar em determinados itens. Este será o seu ponto de partida: comparar a sua percepção atual com seus gastos reais.

A tendência natural das pessoas é relaxar com os gastos menores e pensar apenas nos mais caros. No entanto, não mensurar esses gastos menores pode comprometer o orçamento mensal. Cortar itens que são desperdícios ou que agregam pouco valor à sua vida pode fazer diferença.

Para refletirmos sobre os nossos gastos e objetivos e os entendermos, é importante tomar notas. Comparar a percepção que você tem em relação aos gastos atuais e o que realmente são. Por isso anotar até os pequenos gastos é importante. Você também deve escrever uma meta de gastos para cada orçamento: casa, carro, alimentação etc. Mesmo que não tenha nem ideia, coloque um valor estimado — você pode se surpreender com quão longe ou perto estava da sua percepção de gastos.

Aqui não há mágica. Não vou lhe dizer que deve economizar *X%* da sua receita ou que deve reduzir outros *Y%* dos seus gastos... quem vai determinar isso é você! Este é o seu planejamento financeiro!

No final, a matemática é muito simples:

- Todas as minhas receitas = X
- Todos os meus objetivos de vida divididos em parcelas = Y
- Todas as parcelas das minhas dívidas = Z

- Todas as despesas e gastos mensais = W
- X – Y – Z – W = 0

## O JOGO DA VIDA NA PRÁTICA

Vamos analisar algumas histórias bastante comuns em nosso dia a dia e o que pode ser feito para organizar e jogar melhor o "jogo da vida".

## CASO 1

Vamos considerar uma família de recém-casados. O marido tem 31 anos, e a esposa, 29. O casal ainda não tem filhos, mas deseja ter, e está financiando uma casa própria. Eles utilizaram boa parte das suas reservas financeiras para dar entrada no apartamento. Veja como está o "tabuleiro da vida":

### Renda familiar: R$12 mil

As cinco grandes peças:

- Financiamento imobiliário = R$3.500
    » Parcelas da reforma do apartamento e móveis = R$2 mil
- Filhos = R$0 (por enquanto ainda não têm)
- Reserva de emergência = R$1 mil mensais
- Aposentadoria = R$1 mil
- Parcelas de lua de mel e casamento = R$2 mil

O custo com as GRANDES PEÇAS deste casal é de: R$9.500.

Ou seja, sobrariam R$2.500 para todos os demais gastos: transporte, alimentação, lazer, viagens, saúde e muitos outros. Provavelmente, esse dinheiro não será suficiente para manter o padrão de vida dessa família ou os planos futuros seriam sacrificados.

Este momento talvez não seja o ideal para novos projetos, a não ser que haja uma mudança drástica das grandes peças atuais.

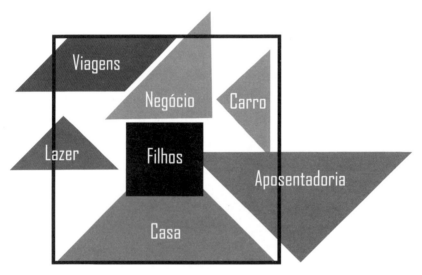

Fonte: Elaborado pelo autor.

Alguns ajustes que poderiam ser feitos:

- Abrir mão desse imóvel (pelo menos neste momento).

    Ao vender o imóvel, o casal deixa de ter o custo da reforma e financiamento e volta a ter um custo de aluguel, no entanto recebe um dinheiro que supriria a necessidade imediata da reserva de emergência.

Supondo que o aluguel fique em torno de R$3 mil, vejamos o novo cenário:

- Aluguel: R$3 mil
- Filhos = R$0 (por enquanto ainda não têm)
- Reserva de emergência = R$0 mensais
- Aposentadoria = R$2 mil
- Compra do imóvel = R$1 mil
- Parcelas de lua de mel e casamento = R$2 mil

Neste momento, as "grandes peças" custam R$8 mil, uma redução de 15% em relação ao contexto anterior, mantendo a família em um mesmo perfil de apartamento e ainda acumulando o dobro de dinheiro para a aposentadoria (R$2 mil em vez de R$1 mil) e guardando R$1 mil mensais para a compra da casa própria em outro momento.

Neste caso, sobrariam R$4 mil para as "pequenas peças".

# CASO 2

João Soares é médico, tem 48 anos, é casado com Maria, advogada de 45 anos. O casal tem 2 filhos, Pedro, de 21, e Ana, de 18. João e Maria são bem-sucedidos em suas carreiras, recebem bons salários e sempre tiveram um alto padrão de vida, com bons carros, viagens, lazer e *hobbies*. Os dois já compraram a casa própria.

### Renda familiar: R$50 mil

As cinco grandes peças:

- Financiamento imobiliário = R$0

- Filhos = R$15 mil (pagamento de faculdade e demais despesas)
- Reserva de emergência = R$0 mensais
- Aposentadoria = R$3 mil (para uma previdência privada)
- Educação = R$2 mil (entre cursos e congressos)

O custo com as GRANDES PEÇAS deste casal é de: R$20 mil.

Neste caso, o problema está nas "pequenas peças", que são bastante elevadas, consumindo cerca de R$30 mil mensais, com dois carros, funcionários, viagens, alimentação e demais custos de vida, não sobrando dinheiro para outros projetos e principalmente para a aposentadoria. Devido a esse fato, não conseguiram acumular uma boa reserva financeira, tendo R$70 mil em investimentos, o que não seria suficiente para a reserva de emergência, considerando o padrão de vida da família, e muito menos para a aposentadoria.

Para que esta família mantenha o padrão de vida, mesmo excluindo os gastos relacionados aos filhos no longo prazo, no valor de R$15 mil (valores de hoje, sem considerar a inflação futura), seria necessário um patrimônio de quase R$20 milhões[1], para que o dinheiro fosse suficiente para manter o padrão de vida considerando uma inflação de 4% ao ano. E para alcançar esse valor aos 70 anos de idade, seria necessário um investimento mensal de R$27.800. Muito acima dos R$3 mil investidos.

---

[1] Simulação realizada no sistema MEU VISTA, para cálculo de aposentadoria.

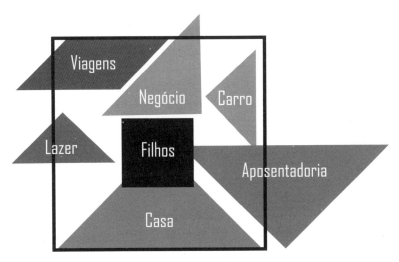

Fonte: Elaborado pelo autor.

Alguns ajustes que poderiam ser feitos:

- Precisam reduzir os custos mensais para conseguir investir na aposentadoria. Por mais que a família tenha uma ótima receita, nenhuma dívida, casa própria, ainda é necessário fazer ajustes para enquadrar a qualidade de vida futura.

Vejamos alguns ajustes:

- Financiamento imobiliário = R$0
- Filhos = R$12 mil (pagamento de faculdade e demais despesas)
- Reserva de emergência = R$0 mensais
- Aposentadoria = R$16 mil (para uma previdência privada)

- Educação = R$2 mil (entre cursos e congressos)
- Gastos mensais da família = R$20 mil

Redução de mais de 40% das despesas mensais, certamente, não é uma fácil mudança, mas necessária para garantir um futuro mais próspero para a família.

# RESUMINDO

Viver bem é uma grande arte e não apenas uma matemática. No entanto, a beleza está no uso correto da matemática para somar mais experiências, vivências, tranquilidade e qualidade de vida. Como foi dito anteriormente, não existe certo ou errado neste jogo, apenas a capacidade de olhar de uma perspectiva externa e ajustar melhor as peças. Situações semelhantes podem ser antagônicas para pessoas diferentes, portanto oferecer uma simples fórmula de "sucesso" seria leviano com a sua vida. Aqui, quero ensiná-lo a refletir, a pensar e a tomar melhores decisões, e não a seguir um manual de instruções. A vida não é linear, e não podemos colocar uma regra para algo tão diverso, mas é possível treinar o nosso pensamento para melhorar nossa análise e nossas escolhas.

# REFERÊNCIAS

AKERLOF, George A. The market for "lemons": quality uncertainty and the market mechanism. **The Quarterly Journal of Economics,** v. 84, n. 3, p. 488-500, ago. 1970. Disponível em: https://www.jstor.org/stable/1879431. Acesso em: 16 mar. 2022.

ARIELY, Dan; KREISLER, Jeff. **A psicologia do dinheiro.** Rio de Janeiro: Sextante, 2019.

BANKING AND TRADING GROUP PACTUAL. **Tesouro direto:** como funciona, como investir e rentabilidade. Rio de Janeiro: BTG, 2019. Disponível em: https://www.btgpactualdigital.com/como-investir/artigos/investimentos/tudo-sobre-tesouro-direto. Acesso em: 16 mar. 2022.

BENITE, Maurílio. **Disciplina 3: Macroeconomia Brasileira — Aula 16 — Evolução da Economia Brasileira.** São Paulo: INEPAD, 2015.

BEN-SHAHAR, Tal. **Ser feliz é algo a ser aprendido, ensina professor de Harvard.** [Entrevista concedida a] Dolores Bordignon. Porto Alegre: Dolores, 2017. Disponível em: https://doloresbordignon.com.br/ser-feliz-e-algo-ser-aprendido-ensina-professor-de-harvard/. Acesso em: 16 mar. 2022.

BERNHOEFT, Renato. Brasileiros gostariam de ter se preparado melhor para aposentadoria. **Valor Econômico.** São Paulo, 2 abr. 2015. Disponível em: https://valor.globo.com/carreira/recursos-humanos/noticia/2015/04/02/brasileiros-gostariam-de-ter-se-preparado-melhor-para-aposentadoria.ghtml. Acesso em: 16 mar. 2022.

BRASIL. BOLSA. BALCÃO. **Metodologia do Índice Bovespa.** (IBOVESPA). Brasília: B3, 2020. Disponível em: https://www.b3.com.br/data/

files/9C/15/76/F6/3F6947102255C247AC094EA8/IBOV-Metodologia-pt-br__Novo_.pdf. Acesso em: 16 mar. 2022.

CENTOFANTI, Marcella. **Como a pandemia está afetando diferentes partes do nosso corpo.** Brasília: CNN, 2021. Disponível em: https://www.cnnbrasil.com.br/saude/como-a-pandemia-esta-afetando-diferentes-partes-do-nosso-corpo/. Acesso em: 16 mar. 2022.

CENTRO CIENTÍFICO CONHECER. **Curso de matemática comercial e financeira.** Jandaia/GO: CCC, 2021. Disponível em: http://www.conhecer.org.br/download/MATEMAT/MATEMATICA%202.pdf. Acesso em: 20 out. 2021.

CERTIFICADO DE DEPÓSITO BANCÁRIO. *In*: WIKIPÉDIA: a enciclopédia livre. San Francisco, CA: Wikimedia Foundation, 2020. Disponível em: https://pt.wikipedia.org/wiki/Certificado_de_dep%C3%B3sito_banc%C3%A1rio. Acesso em: 25 ago. 2021.

CRUZ, Daniel. **Um em cada três casamentos termina em divórcio no Brasil**. São Paulo: R7, 2018. Disponível em: https://noticias.r7.com/brasil/um-em-cada-tres-casamentos-termina-em-divorcio-no-brasil-26092018. Acesso em: 16 mar. 2022.

EISENHOWER, Dwight D. **Presidential Library & Museum.** Quotes: Do Autor, 1953. Disponível em: http://www.eisenhower.archives.gov/all_about_ike/quotes.html. Acesso em: 20 out. 2012.

FERREIRA, Vera Rita de Mello. **Psicologia econômica: trajetória histórica e rumos futuros.** Rio de Janeiro: FGV, 2014. Disponível em: https://bibliotecadigital.fgv.br/dspace;/bitstream/handle/10438/18832/GVcef_Ferreira.pdf?sequence=1&isAllowed=y. Acesso em: 5 mai. 2016.

FRANCO, Karin. Fim de auxílio emergencial aumenta procura por vagas de emprego. **Jornal Hoje, Centro Sul**, 22 fev. 2021. Disponível em: https://hojecentrosul.com.br/fim-de-auxilio-emergencial-aumenta-procura-por-vagas-de-emprego. Acesso em: 5 fev. 2021.

FREITAS, Firas. Zuckerberg revela por que sempre usa a mesma camisa. **Exame**, 6 nov. 2014. Disponível em: https://exame.com/tecnologia/zuckerberg-revela-por-que-sempre-usa-a-mesma-camisa/. Acesso em: 5 fev. 2021.

FUNDAÇÃO DOM CABRAL. **Relatório de pesquisa.** Belo Horizonte: FDC, 2018. Disponível em: https://ci.fdc.org.br/AcervoDigital/Relat%C3%B3rios%20de%20Pesquisa/Relat%C3%B3rios%20de%20pesquisa%202018/Perfil%20do%20participantes%20dos%20programas%20de%20especializa%C3%A7%C3%A3o.pdf. Acesso em: 5 fev. 2021.

GATTO, Maria Fernando. **Experiências contemporâneas de desenvolvimento: políticas voltada para inserção — casos da china, Brasil e México.** 2006. Dissertação (Mestrado em Economia). Universidade Federal de Pernambuco, Recife, 2006. Disponível em: https://repositorio.ufpe.br/bitstream/123456789/4482/1/arquivo6088_1.pdf. Acesso em: 14 mar. 2022.

GREMAUD, Amaury Patrick; VASCONCELLOS, Marco Antonio Sandoval de; TONETO JÚNIOR, Rudinei. **Economia brasileira contemporânea.** 3. ed. São Paulo: Atlas, 2002.

HISSA, Gilberto. **Cartilha de finanças pessoais.** Boa Vista: Editora Boa Vista, 2009.

INSTITUTO COACHING FINANCEIRO. **Saiba qual é o conceito de mercado financeiro.** São Paulo: Coach, 2020. Disponível em: http://www.coachfinanceiro.com/portal/saiba-qual-e-o-conceito-de-mercado-financeiro/. Acesso em: 5 fev. 2021.

KAHNEMAN, Daniel; TVERSKY, Amos. Prospect theory: an analysis of decision under risk. **Econometrica: Journal of the Econometric Society,** v. 47, n. 2, p. 263-292, mar. 1979. DOI: https://doi.org/10.2307/1914185. Acesso em: 10 fev. 2022.

KONZEN, Gislaine Cristina Ferreira. **Uma análise econômica do governo Collor, de 1990 até o seu *impeachment*.** 2020. Monografia (Trabalho de Conclusão de Curso). Universidade de Santa Cruz do Sul, Santa Cruz do Sul, 2020. Disponível em: https://repositorio.unisc.br/jspui/bitstream/11624/2856/1/Gislaine%20Cristina%20Ferreira%20Konzen.pdf. Acesso em: 14 mar. 2022.

LEITÃO, Miriam. **Saga brasileira a longa história de um povo por sua moeda.** Rio de Janeiro: Record, 2011.

MACHADO, João Bosco M. **Viés de otimismo: como ele afeta as nossas decisões de consumo e poupança?** São Paulo: Consumidor Cidadão, 2018. Disponível em: https://consumidorcidadao.wordpress.com/2018/09/05/vies-de-otimismo-como-ele-afeta-as-nossas-decisoes-de-consumo-e-poupanca/. Acesso em: 15 mar. 2022.

MASLOW, Abraham H. **Introdução à psicologia do ser.** Rio de janeiro: Eldorado, 1968.

MASLOW, Abraham H. **Maslow no gerenciamento.** Rio de Janeiro: Qualitymark, 2001.

MATSUMOTO, Alberto Shigueru *et al.* Educação financeira pessoal: fator de influência no desempenho profissional. *In*: ENCONTRO NACIONAL DOS CURSOS DE GRADUAÇÃO EM ADMINISTRAÇÃO, 23., 2012., Gonçalves/RS. **Anais [...].** Gonçalves/RS: ENANGRAD, 2012. 1 CD ROM.

OLIVEIRA, Nielmar de. **IBGE: expectativa de vida dos brasileiros aumentou mais de 40 anos em 11 décadas.** Rio de Janeiro: Agência Brasil, 2016. Disponível em: https://agenciabrasil.ebc.com.br/geral/noticia/2016-08/ibge-expectativa-de-vida-dos-brasileiros-aumentou-mais-de-75-anos-em-11. Acesso em: 15 mar. 2022.

OLIVIERI, Antonio Carlos. **Filosofia e felicidade: o que é ser feliz segundo os grandes filósofos do passado e do presente.** São Paulo: UOL, 2022. Disponível em: https://educacao.uol.com.br/disciplinas/filosofia/filosofia-e-felicidade-o-que-e-ser-feliz-segundo-os-grandes-filosofos-do-passado-e-do-presente.htm. Acesso em: 16 mar. 2022.

PEREIRA, Luiz C. Bresser. A economia e a política do Plano Real. **Revista de Economia Política**, São Paulo, v. 14, n. 4, p. 129-149, out./dez. 1994.

REGINALDO, Andrey Cardoso. **A importância da inserção da educação financeira em diferentes contextos organizacionais.** 2019. Monografia (Especialização em Administração). Universidade Federal de Santa Catarina, Florianópolis, 2019. Disponível em: https://repositorio.ufsc.br/bitstream/handle/123456789/202353/TCC%20Andrey.pdf?sequence=1&isAllowed=y. Acesso em: 16 mar. 2022.

ROCHA, Gessyca. **Estudo da ONU aponta que tamanho das famílias no Brasil está abaixo da média mundial: taxa de fecundidade está ligada aos direitos, como a saúde, educação e emprego, diz o relatório.** Rio de Janeiro: G1, 2018. Disponível em: https://g1.globo.com/ciencia-e-saude/noticia/2018/10/17/estudo-da-onu-aponta-que-tamanho-das-familias-no-brasil-esta-abaixo-da-media-mundial.ghtml. Acesso em: 16 mar. 2022.

ROCHA, Ricardo Humberto. **Invista seu dinheiro: como cultivar riqueza para realizar sonhos e ter uma vida feliz.** São Paulo: Saint Paul Editora, 2016.

SAMSON, Alain. Introdução à economia comportamental e experimental. *In:* ÁVILA, Flávia; BIANCHI, Ana Maria (org.). **Guia de economia comportamental e experimental.** Tradução de Laura Teixeira Motta e Paulo Futagawa. São Paulo: EconomiaComportamental.org, 2015. Disponível em: www.economiacomportamental.org. Acesso em: 16 abr. 2016.

SANTOS, Ana Thaise Silva dos. **Estudo do regime de metas inflacionárias no Brasil: uma análise do período de 1999–2009.** 2010. Monografia (Especialização em Ciências Econômicas). Universidade Federal da Bahia, Salvador, 2010. Disponível em: https://repositorio.ufba.br/bitstream/ri/9887/1/ANA%20THAISE%20SILVA%20DOS%20SANTOS.pdf. Acesso em: 14 mar. 2022.

SANTOS, Leon. **Conheça as quatro Revoluções Industriais que moldaram a trajetória do mundo.** Brasília: CFA, 2019. Disponível em: https://cfa.org.br/as-outras-revolucoes-industriais/. Acesso em: 14 mar. 2022.

SILVA, Bruno Fernandes Dias da. **O Plano Real e sua política de ajuste fiscal.** Rio de Janeiro: PUC Rio, 2002. Disponível em: http://www.econ.puc-rio.br/uploads/adm/trabalhos/files/Bruno_Fernandes_Dias_da_Silva.pdf. Acesso em: 16 mar. 2022.

TARDEN, Gizele dos Santos Rocha. **Finanças pessoais.** São Paulo: Brasil Escola, 2020. Disponível em: https://monografias.brasilescola.uol.com.br/administracao-financas/financas-pessoais.htm. Acesso em: 16 mar. 2022.

BTG Pactual. **Tesouro Direto: como funciona, como investir e rentabilidade.** S. l.: BTGPA, 2020. Disponível em: https://www.btgpactualdigital.com/blog/investimentos/tudo-sobre-tesouro-direto/amp. Acesso em: 16 mar. 2022.

THALER, Richard H. **Misbehaving: a construção da economia comportamental.** Tradução de George Schlesinger. Rio de Janeiro: Intrínseca, 2019.

THALER, Richard H.; SUNSTEIN, Cass R. Tradução de Ângelo Lessa. **Nudge: como tomar melhores decisões sobre saúde, dinheiro e felicidade.** São Paulo: Objetiva, 2019.

TORO INVESTIMENTOS. **Como funciona o Tesouro Direto: veja como investir no Tesouro Direto vale a pena.** [S. l.]: Tororadar, 2021. Disponível em: https://www.tororadar.com.br/como-funciona-o-tesouro-direto?hsLang=pt-br. Acesso em: 20 fev. 2022.

VERSIGNASSI, Alexandre. *Crash*: **uma breve história da economia — da Grécia Antiga ao século XXI.** São Paulo: Leya, 2011.

VINHAS, Tânia. Frase da semana: "A vida é o que acontece enquanto você está ocupado fazendo outros planos". **Super Interessante,** 21 dez. 2016. Disponível em: https://super.abril.com.br/coluna/superblog/frase-da-semana-8220-a-vida-e-o-que-acontece-enquanto-voce--esta-ocupado-fazendo-outros-planos-8221/. Acesso em: 16 mar. 2022.

WARE, Bronnie. **Antes de partir: os 5 principais arrependimentos que as pessoas têm antes de morrer.** Tradução de Chico Lopes. São Paulo: Geração Editorial, 2017.

# ÍNDICE

## A

A Arte da Guerra, livro  33
abertura comercial  42
Abraham Maslow  30
alma, função da  30
analfabetismo financeiro  47
aposentadoria  83-84
  decisões relacionadas  86
  definição  85
  investimentos para  87
  momento ideal  87
  planejamento  88
assimetria da informação  49
atitudes pessoais  28
ativos arrojados  68
ativos conservadores  68
autoconhecimento  25
  e felicidade  29
autorrealização  30, 31
aversão à perda  21, 120

## B

BM&F Bovespa  45
Bolsa de Valores no Brasil  44
BOVESPA
  índice (IBOV)  115
Brasil
  Bolsa de Valores  44
  conjuntura econômica  17
  educação financeira  46-47
  estabilização econômica  44
  inflação  39
  planejamento financeiro  43-44
  quebra da Bolsa de Valores do Rio de Janeiro  45

## C

capitalismo  125
carteira de investimentos  68
casamento
  festa de  94
  momento ideal  93
casa própria  70
  checkpoints  78
  e aluguel  77
  incertezas  75
  planejamento  75
  prós e contras  72
Certificado de Depósito Bancário (CDB)  114
Certificado de Depósito Interbancário (CDI)  114
comportamento de manada  22
congelamento dos preços, política de  40
conhecimento
  limites de  20
  para investimentos  103
consumismo  47
consumo  27

hábitos de 131
contabilidade mental 59
Covid-19, pandemia 126-127
custo de oportunidade 60, 131

## D

decisões financeiras 60
  como tomar 67
  e filhos 92
  escolhas 69
  impactos 65
  importância 66
  momento ideal 67
desabastecimento 40
despesas familiares 93-94
dinheiro
  e felicidade 32
dotação 120

## E

Economia Clássica 5
Economia Comportamental 20
economizar com inteligência 131
educação financeira 43-44, 46-47
empreendedorismo 101-102
endividamento 43
escolhas 24
escolhas financeiras 69
especulação 40
  na Bolsa de Valores do Rio de Janeiro 46
estabilização econômica 43
estilo de vida 27, 67
estima 31
estratégia para finanças pessoais 33
estudos de caso 133-138
expectativas 28

## F

felicidade
  conquista da 32

definição 29, 30
e autorrealização 31
e dinheiro 32
e exercício físico 129
e Filosofia 30
e prazer 30
e saúde financeira 47
filhos 92-93
finanças 27
finanças pessoais 129-130
  definição 5
financiamento imobiliário 71
fluxo do dinheiro 131

## G

gastos
  anotar 132
gastos desnecessários 131
grandes decisões 65
gratificação instantânea 70
grupos de gastos 59

## H

Henry Ford 24
hierarquia de necessidades de Maslow 30

## I

IBOVESPA. *Consulte* BOVESPA
impostos 21
impulsividade 35
independência financeira 86
indexadores 114-115
Índice de Preços ao Consumidor Amplo (IPCA) 114
infelicidade 32
inflação 39
  e taxa de juros 41
influenciadores digitais 26
influências emocionais 22
informação 26

instabilidade financeira
    e financiamento mobiliário 71
investimentos 103
    cálculos 109
    emoções relacionadas 119-120
    em títulos públicos 45
    estratégia de guerra 33-34
    lições 104-105
    no mercado financeiro 49
    opções de 111
    rentabilidade 110-120
    tipos 107-108
investir 35

**J**

John Lennon 78
John Locke 30
juros 109
    compostos 87, 109
    e financiamento 77

**L**

limitações cognitivas e emocionais 21
linha de montagem 23
liquidez 106

**M**

macroeconomia 20
Mark Zuckerberg 24
matemática financeira 109-111
mercado financeiro 49
meta de gastos 132
momentos de reflexão 14
motivações 25
mudanças tecnológicas 125

**N**

necessidades
    e motivação 66
    humanas 31

**O**

orçamento
    mensuração do 130
orçamento familiar 133-138
orçamentos 59
    dividir o dinheiro em 61
otimismo 126
    viés do 126
otimismo excessivo 23

**P**

peças da vida 14
pirâmide de Maslow. *Consulte* hierarquia de necessidades de Maslow
planejamento 28
    erros de 23
planejamento familiar 91
planejamento financeiro
    cálculo 132
    como começar 131
Plano Bresser 40
Plano Cruzado 40
plano de vida 55
Plano Real 43
planos futuros 15
Plano Verão 41
Platão 30
pós-fixados 112
prefixados 112
pressão social 26
Primeira Revolução Industrial 96
privatizações 42
produção em escala 23
produtos financeiros 111-113
Psicologia 20

**Q**

qualidade de vida 34, 131
Quarta Revolução Industrial 97

ÍNDICE 149

## R

racionalidade
  falta de 21
  fatores preponderantes 21-23
racionalidade limitada 20
realidade
  percepção da 22
realização pessoal 31
receitas e despesas 132
reforma monetária 42
relacionamentos 89
relacionamentos interpessoais 129
renda fixa 112
renda variável 113
rentabilidade 77, 106, 110
reserva de emergência 74, 78
  liquidez 82
  objetivo 80
revolução digital 44

## S

saúde financeira 47
saúde física e mental 128
Segunda Revolução Industrial 96
segurança na vida 31
Selic 114-115
Sócrates 30
sonhos e planos 55
  lista de 58
Sun Tzu 33

## T

tabuleiro da vida 13
Tales de Mileto 32
teoria da perspectiva 20
teoria das necessidades de Maslow
  e reserva de emergência 80
Terceira Revolução Industrial 96
Tesouro Direto 112, 117-118
  estratégias para investir 119
  IPCA 118
  IPCA Princ 118
  prefixado 117
  Selic 118
títulos públicos 117
  tipos 117-118
tomada de decisões 27
trabalho
  definição 96
  e planejamento 100
  fatores de higiene 98
  mudar de 100
  reflexões 102-103
  relação sentimental com 97
tributações 115-116

## V

valor relativo 58
volatilidade 107

## Projetos corporativos e edições personalizadas
dentro da sua estratégia de negócio. Já pensou nisso?

**Coordenação de Eventos**
Viviane Paiva
viviane@altabooks.com.br

**Contato Comercial**
vendas.corporativas@altabooks.com.br

A Alta Books tem criado experiências incríveis no meio corporativo. Com a crescente implementação da educação corporativa nas empresas, o livro entra como uma importante fonte de conhecimento. Com atendimento personalizado, conseguimos identificar as principais necessidades, e criar uma seleção de livros que podem ser utilizados de diversas maneiras, como por exemplo, para fortalecer relacionamento com suas equipes/ seus clientes. Você já utilizou o livro para alguma ação estratégica na sua empresa?

Entre em contato com nosso time para entender melhor as possibilidades de personalização e incentivo ao desenvolvimento pessoal e profissional.

## PUBLIQUE SEU LIVRO

Publique seu livro com a Alta Books. Para mais informações envie um e-mail para: autoria@altabooks.com.br

 /altabooks   /alta-books   /altabooks   /altabooks

## CONHEÇA OUTROS LIVROS DA **ALTA BOOKS**

Todas as imagens são meramente ilustrativas.

Este livro foi impresso nas oficinas gráficas da Editora Vozes Ltda.,
Rua Frei Luís, 100 – Petrópolis, RJ.